혜초, 실크로드를 왕오천축국전에 담다

실크로드로 배우는 세계 역사 ④

통일 신라의
혜초, 실크로드를
왕오천축국전에 담다

아카넷주니어

▶일러두기
· 일부 나라명과 지명은 해당 지역의 발음에 따라 외래어 용례집을 참고하여 표기하였습니다.
· 혜초의 여행 경로는 저자의 저술을 바탕으로 하였으며 몇몇 도시들은 생략되었음을 밝혀 둡니다.
· 책에 실은 도판들은 저작권자를 찾아 허가를 받아 사용하였고, 저작권자를 찾지 못한 일부 도판은 최선을 다해 저작권자를 찾아 사용료를 지불하겠습니다.
· 혜초의 어린 시절 이야기는 사료가 없어 저자가 『왕오천축국전』을 바탕으로 재구성한 것임을 밝혀 둡니다.

{실크로드 Silk Road 비단緋緞길}

아주 오래전, 자신의 꿈을 이루기 위해 어떠한 위험도 감수하고 실크로드를 건넌 사람들이 있습니다. 하지만 그들이 남긴 글과 그들이 살았던 시대를 기록한 글 어디에서도 '실크로드'라는 말을 찾아볼 수 없습니다. 이 이름은 독일의 지리학자 페르디난트 폰 리히트호펜이 자신의 책인『중국』(1877)에서 중앙아시아의 고대 교역로를 가리키는 말로 처음 사용했습니다. 이 길을 통하여 운반되었던 고대 중국의 비단(실크) 때문에 붙여진 이름이었습니다. 실크로드는 단순한 교역로가 아니라 세계의 동쪽 지역과 서쪽 지역을 잇는 문명 교류의 통로였습니다.

작가의 말

　중앙아시아에 사마르칸트라는 이름을 가진 도시가 있습니다. 이곳은 '동방의 에덴', '중앙아시아의 진주'로 불리며 고대 실크로드 교역의 중심지가 되었던 곳입니다. 이곳의 옛 궁전 벽화에는 깃털을 꽂은 관을 쓰고 있는 두 명의 고구려 사신이 등장합니다. 고구려의 사신들이 머나먼 중앙아시아의 작은 나라를 찾아간 까닭은 무엇일까요? 비행기도 없는 시절에 그들은 어떻게 그 먼 거리를 갈 수 있었을까요?

　고구려의 사신들이 중앙아시아를 찾아갔던 것은 도움을 구하기 위해서였습니다. 신라와 당나라 연합군의 공격을 받자, 고구려는 당나라 북쪽의 돌궐이나 서쪽의 중앙아시아 나라들과 힘을 합치려고 했던 것이죠. 북쪽의 실크로드가 중국의 서쪽 나라로 쉽게 사신을 보낼 수 있는 길을 열어 주었습니다.

　사마르칸트 궁전 벽화에서 볼 수 있는 것처럼 실크로드는 우리에게 낯선 길이 아닙니다. 또한 중국 북쪽과 서쪽에 있었던 나라들도 우리 역사와 관련이 없는 오랑캐들이 아닙니다. 우리는 실크로드를 통해 이들 나라와도 친밀한 관계를 유지하였고, 중국이 우리를 위협할 때에는 그들의 힘을 빌리려고 했습니다. 한 걸음 나아가, 우리

역사의 결정적인 순간에는 매번 실크로드 세계가 함께 움직이고 있었습니다. 오랜 역사를 자랑하던 고조선, 고구려, 고려가 멸망했던 것은 실크로드 세계의 큰 변화에 뒤따른 결과였습니다.

하지만 지금 우리는 실크로드와 그곳에서 멋진 활약을 펼쳤던 많은 나라를 잊어버렸습니다. 우리 역사책은 중국과의 관계만 강조할 뿐, 그 너머의 끝없는 세계에 대해서는 입을 다물고 있습니다. 그런 까닭에 실크로드는 현재의 우리에게 낯설게 다가오기만 합니다. 오히려 옛날 사람들이 우리보다 실크로드를 더욱 가깝게 여겼다고 할 수 있습니다. 고구려의 사신은 초원길을 따라 중앙아시아의 사마르칸트를 넘나들었고, 중세의 아랍 학자들은 신라를 "황금의 나라"로, 신라 사람들을 "가장 아름다운 외모"를 가진 것으로 높이 평가했으니까요.

실제로 우리나라는 예전부터 실크로드의 연결망 속에 포함되어 있었습니다. 신비한 물건과 새로운 종교, 많은 사신과 유학생(유학 승려)들이 이 연결망을 따라 이동했습니다. 실크로드의 역사는 중국과의 관계만을 중시했던 우리의 좁은 시야가 더 넓은

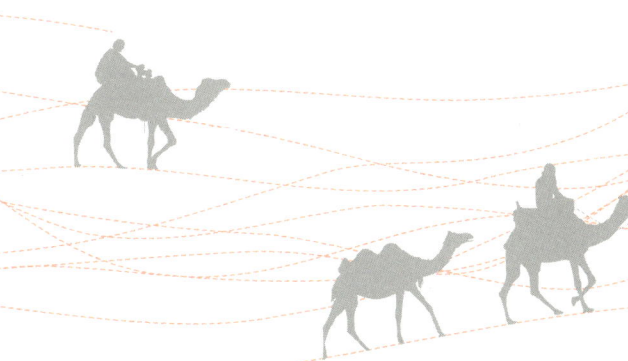

　　세계로 뻗어 나갈 수 있게 하는 통로가 됩니다. 우리의 시야를 실크로드와 연결시키면, 우리의 역사도 그 길을 따라 더 넓은 세계로 이어질 것입니다.

　　「실크로드로 배우는 세계 역사」 시리즈는 실크로드를 밟았던 유명한 세 사람을 이미 선보였습니다. 서유기의 삼장 법사, 위대한 전사 칭기즈칸, 그리고 베네치아 상인 마르코 폴로입니다. 그들은 구법승, 전사, 상인으로 실크로드의 역사에 큰 발자취를 남겼던 인물입니다. 우리 역사에서도 실크로드의 역사에 이름을 새긴 위대한 인물들이 있습니다. 바로 『왕오천축국전』을 지은 구법승 혜초, 탈라스 전투의 전사 고선지, 그리고 해상왕 장보고입니다. 혜초, 고선지, 장보고의 활동은 우리 역사를 실크로드의 드넓은 세계와 직접 연결해 주는 지름길이 됩니다.

　　「실크로드로 배우는 세계 역사」 시리즈의 네 번째 책, 『통일신라의 혜초, 실크로드를 왕오천축국전에 담다』의 주인공은 8세기의 신라 승려 혜초입니다. 혜초는 통일신라의 전성기에 태어나서 열여섯 살 무렵에 당나라 광저우로 유학을 떠났습니다. 당나라에서 유행하던 불교의 새로운 가르침을 배우기 위해서였죠. 혜초의 열정은 당나라

에서 멈추지 않았습니다. 스무 살이 되던 해, 그는 바다의 실크로드를 따라 인도로 갔고, 빠르게 변하고 있는 세계를 직접 확인하게 됩니다. 혜초의 발걸음은 중앙아시아를 거쳐 아랍 세계에까지 이어졌습니다.

    머나먼 인도양도, 낯선 이슬람 세계도, 험난한 파미르 고원도 혜초의 발걸음을 멈출 수 없었습니다. 그 이전까지 어느 누구도 찾아가지 않았던 길을 걸으며 혜초는 분명 무엇인가를 열심히 찾고 있었습니다. 혜초가 남긴 『왕오천축국전』에는 작은 단서만이 남아 있을 뿐, 구체적인 이유가 남아 있지 않습니다. 하지만 혜초가 우리에게 남긴 퍼즐 조각들을 맞춰 가다 보면, 통일신라를 떠나 실크로드의 서쪽 끝을 향해서 쉼 없이 걸어갔던 그의 마음을 조금씩 알아 갈 수 있지 않을까요?

김대호

[차례]

○작가의 말 6
○실크로드의 여행자, 혜초 14

1장 신라 소년의 꿈
　　바다를 바라보는 소년 24
　　광저우에서 꿈을 키우다 30
　　스승 금강지의 권유 34

2장 인도로 가는 길
　　바다의 실크로드 40
　　부처님의 발걸음을 따라서 46
　　이슬람 세계의 위협 53
　　불교가 다시 활짝 꽃핀 까닭 60

3장 실크로드의 서쪽 길 따라 이슬람 세계로
　　힌두쿠시 산맥에서 얻은 깨달음 70
　　부처님의 말씀이 도달한 서쪽 끝 76
　　낯선 세계의 문을 열다 80

4장 실크로드의 머나먼 동쪽 길

쉬운 길, 험난한 길 90

파미르 고원에서 울다 94

당나라로 돌아오는 길 99

5장 세계를 매혹한 혜초의 꿈

『왕오천축국전』의 탄생 106

비를 부르고, 지혜를 남기고! 110

실크로드에서 다시 깨어난 혜초 113

○실크로드로 배우는 세계·문화·역사 118

혜초는 어떤 사람일까요?

『왕오천축국전』은 어떤 책일까요?

실크로드의 동쪽, 7~8세기의 신라 사회

신라 구법승의 활동

혜초가 활동했던 시기의 실크로드 세계

실크로드의 학문, 둔황학

혜초의 실크로드 여행 경로

세계 역사 연표

○찾아보기 139

○사진 출처 143

▶ **파미르 고원**
혜초가 여행한 파미르 고원은 중앙아시아 동남쪽에 있다.

[실크로드의 여행자, 혜초]

774년 2월, 당나라 수도인 장안 근처의 선유사 앞에 많은 백성이 모여 있습니다. 백성들은 무엇인가를 기다리며 한목소리로 주문을 외우고 있습니다.

"옴 마니 반메 훔. 옴 마니 반메 훔."

백성들의 주문 소리가 점점 커져 갑니다. 커다란 바위 위에 설치된 높은 제단의 계단을 딛고서 스님 다섯 분이 올라오자, 백성들은 환호성을 지릅니다.

"혜초 스님! 비를 내려 주십시오."

"스님! 제발 부탁드립니다."

작년부터 비가 내리지 않아, 온 나라가 큰 어려움에 빠졌습니다. 항상 시원한 물줄기를 자랑하던 이곳 계곡도 물이 마를 정도였습니다. 대지가 메마르고 풀과 나무들은 모두 힘을 잃어 갔습니다.

"아버지, 저 할아버지 스님은 누구예요? 어떤 분이신데 사람들이 저렇게 소리를 지르나요?"

한 소녀가 궁금함을 참지 못하고 옆에 있는 아버지에게 물었습니다.

"혜초 스님이란다. 장안의 큰 절에 계신 유명한 스님이시지. 한동안 비가 내리지 않아서, 황제께서 혜초 스님에게 비를 내리게 해 달라고 부탁하셨단다. 그래서 이곳에 기우제를 지내러 오신 거란다."

"비를 내리게 한다고요?"

▶ 장안
중국 산시 성 시안 시의 옛 이름. 사진은 시안 시의 모습이다.

"그래. 혜초 스님의 신통력은 정말 놀랍단다. 저 스님은 젊었을 때 부처님의 나라 인도를 지나서 세상 끝까지 다녀오셨단다. 그때 놀라운 신통력을 부처님께 선물받았다는 소문이 있어."

갑자기 주위가 조용해졌습니다. 혜초 스님이 제단의 한가운데에 서고, 네 명의 젊은 스님이 동서남북 사방에 섰습니다.

"브하가밤 바이로차나 옴 치타프라티베드함 카로미!"

"옴 야타 사르바 따타가타스 따타 함!"

"옴 바즈라 라가 마라 마하 보디 사트바 무드라!"

젊은 스님들은 같은 목소리로 주문을 외웁니다. 계속해서 이어지는 주문에 맞춰, 가운데의 혜초 스님은 하늘을 갈라놓을 듯 손 자세를 다양하게 바꿔 갑니다.

"아버지, 할아버지 스님이 손을 왜 이리저리 바꿔요?"

"부처님의 손 모양을 따라하는 거란다. 저 주문과 부처님 손 모양에는 신비로운 힘이 있단다. 저 힘을 모아서 산을 찍으면 산이 무너지고, 강이나 바다를 찍으면 물이 말라 버리지. 스님들은 지금 하늘을 찍어서 비를 내리려고 하시는 거야."

혜초 스님은 제자들의 주문 소리에 맞춰 간절히 기원합니다.

'부처님, 백성들의 고통을 불쌍히 여겨 비를 내려 주소서! 우리가 부처님의 위대한 힘을 빌려 마른하늘을 가를 수 있도록 해 주소서!'

계속 이어지던 주문이 마침내 멈추었습니다. 주위의 맑은 하늘이 조금씩 어두워지기 시작합니다. 백성들은 조금씩 변하는 하늘에 그저 놀라며, 침을 삼키고 앞만 지켜봤습니다. 혜초 스님이 바위 뒤의 계곡으로 몸을 숙여 귀를 기울였습니다. 아래의 계곡에서 무슨 소리가 나는 듯하자, 혜초 스님이 품에서 사리 하나를 꺼내 계곡으로 던졌습니다.

잠시 후 하늘에서 실낱같은 빗줄기가 떨어집니다. 백성들의 기쁨에 찬 환호성이 터져 나왔습니다. 얼마 뒤 동쪽에서 주문을 외우던 젊은 스님이 흥분한 백성들을 진정시켰습니다. 백성들이 조용해지자 혜초 스님이 빙그레 웃으시면서 말씀하십니다.

"여러분의 정성과 황제 폐하의 덕이 부처님의 마음을 움직였소. 이제 돌아들 가셔도 됩니다. 내일이면 온 천지가 비로 덮일 것이오."

밤이 되었습니다. 점점 굵어지는 빗방울에 풀과 나무는 물기를 머금고 다시 빛나기 시작합니다. 다음 날 아침, 천둥이 울리고 온 천지는 비로 덮였습니다. 혜초 스님은 비를 바라보면서, 부처님의 참된 지혜도 이 비처럼 쏟아져 내리면 얼마나 좋을까 하고 생각했습니다. 당나라에도, 사랑하는 고향 땅 신라에도, 그리고 인도를 넘어 저 멀리 대식국까지…….

▶ [대식국]
중국 당나라 때에 이슬람 국가인 사라센 제국을 이르던 말.

혜초와 왕오천축국전

혜초는 704년 통일신라에서 태어나 열여섯 살이 되던 해인 719년에 당나라 광저우로 유학을 떠납니다. 그곳에서 인도의 밀교 승려 금강지를 만나 제자가 되었죠. 723년, 스무 살이 되었을 때 혜초는 스승님의 권유로 바다 실크로드에 몸을 싣고 부처님의 나라 인도로 향했습니다. 약 4년 동안 혜초의 발길이 닿은 곳은 인도의 5개 지역과 서역, 페르시아와 아랍에 이릅니다. 동아시아의 스님들 중에서 처음으로 이슬람 세계까지 여행한 뒤, 혜초는 험난한 파미르 고원을 넘어서 727년에 당나라의 서쪽 국경인 쿠차로 돌아왔습니다. 인도로 갈 때와는 달리, 당나라로 돌아올 때는 육지 실크로드의 오아시스들을 거쳐서 돌아왔습니다. 혜초는 『왕오천축국전』을 써서 자신이 경험한 바다와 육지 실크로드의 세계를 세상에 알렸습니다. 또한 이슬람 세계의 성장 앞에 큰 변화를 겪고 있던 8세기의 중앙아시아의 소식을 생생하게 전해 주었죠.

『왕오천축국전』은 8세기 인도와 중앙아시아의 정치 상황과 풍속을 알려주는 세계에서 유일한 자료입니다. 또한 우리나라 역사에서는 최초의 외국 기행문으로 평가받는 소중한 작품이기도 합니다. 『왕오천축국전』에 담긴 인도와 중앙아시아, 페르시아와 아랍에 관한 기록은 구체적이고 정확해서, 실크로드 세계를 이해하는 데 귀중한 사실을 제공했습니다. 그래서 역사, 종교, 언어, 지리, 문학을 연구하는 세계의 많은 학자가 지난 백 년 동안 『왕오천축국전』을 활발하게 연구해 왔습니다.

往五天竺國傳 을 쓴 慧超

▶ 혜초의 실크로드 여행 경로

- → 실제 여행한 길
- ⋯⋯ 예상 육로
- ⋯⋯ 예상 해로

톈산 산맥
파미르 고원
쿠차
타클라마칸 사막
니샤푸르
와칸
카슈가르
페르시아
토카리스탄
바미얀
힌두쿠시 산맥
사마라자
쿤룬 산맥
카피시
람파카
우디아나
자불리스탄
간다라
카슈미르
라지푸타나
탁샤르
잘란다라
히말라야 산맥
신드
카냐쿱자
쿠시나가라
바라나시
라지기
부다가야
바이샬
나시크
인도
아라비아 해
벵골 만
인도양

▶ **혜초의 여행 경로** | 경주 – (흑산도) – (닝보) – 광저우

1장 신라 소년의 꿈

신라에서 태어난 혜초는 신비로운 꿈을 좇아 당나라 광저우로 떠납니다. 광저우는 세상의 모든 물건과 사람들이 모여드는 곳이었습니다. 혜초는 이곳에서 중국어와 인도어를 배우며, 더 넓은 세계로 나아가기 위해 차근차근 준비해 갔습니다. 그리고 마침내 스승님의 과제를 가슴에 품고 인도로 갈 것을 결심합니다.

[바다를 바라보는 소년]

"오늘은 왜 방에만 틀어박혀 있니?"

소년의 어머니는 문을 활짝 열며 방안에서 웅크리고 있는 소년에게 물었습니다. 눈만 뜨면 뛰쳐나와 온 세상을 헤집고 다니는 소년이 어찌된 일인지 방안에만 틀어박혀 있었습니다.

"너, 그 이상한 꿈을 다시 꾸었니? 지난번에는 끝없는 모래밭 길을 걸었다고 하더니만 이번에는 또 뭘 본 거니?"

"어머니, 이번에는 꿈속에서 눈길을 걸었어요. 하늘 높이 솟은 산과 집채만 한 바위들이 있는 곳을 지났어요. 그리고 하늘 높이 솟은 산 위에 금성(경주)보다 넓은 들판이 펼쳐져 있었어요. 나무도, 풀도, 날짐승도, 들짐승도 보이지 않고, 오직 눈으로 덮여 있는 곳이었어요. 그곳을 걷고 또 걸었어요."

소년은 여전히 꿈을 꾸고 있는 것 같았습니다.

"얘야. 신라 땅에는 그런 곳이 있을 리 없잖니? 나는 지금까지 그런 곳이 있다는 것을 들어 보지도 못했다. 혹시 부처님 나라라면 몰라도 말이야."

> **사천왕사**
> 679년(신라 문무왕 19년)에 창건되었다고 알려져 있다. 당나라 고종이 신라를 공격하려 하자 당시 당나라에 가 있던 의상 대사는 귀국하여 사태의 긴급함을 문무왕에게 알리고 명랑 법사로 하여금 679년에 사천왕사를 짓고 문두루의 비법을 써서 당병의 침략을 실패로 돌아가게 하였다고 한다. 지금 절은 없어지고 터만 남아 있다.

어머니에게는 소년의 이야기가 마냥 허황된 꿈 이야기로만 들렸지만, 소년에게는 너무 생생해서 꿈이 아니라 현실 같았습니다.

어머니는 말끝을 흐리면서 다시 시무룩해지는 소년의 모습이 안쓰러웠습니다.

"그럼, 나와 함께 사천왕사에 계신 이효 스

님께 가서 물어보도록 하자."

"이효 스님이 누구예요?"

소년의 눈빛은 예전처럼 호기심으로 반짝입니다.

"한동안 비가 오지 않다가 그저께 엄청 비가 왔지? 그 비를 내려 주신 분이란다."

"그 스님이 비를 내리게 했다고요?"

소년의 마음은 설레기 시작했습니다.

"그래. 이효 스님은 원래 동해의 오대산에 계셨는데, 임금님께서 특별히 부르셨어. 너무 비가 오지 않아서 백성들이 모두 힘들어했거든. 스님이 오셔서 제단을 쌓고 신비한 주문을 계속 외우셨지. 스님의 신통력이 통했는지 놀랍게도 하늘이 열리고, 장대 같은 비가 쏟아졌어."

"우와, 신기해요. 어떻게 그런 일이 가능하죠? 꼭 그 스님을 만나고 싶어요."

"그래. 그렇게 신통력이 있는 스님이라면 너의 꿈이 무엇을 뜻하는지 알려 주실 거야. 말이 나온 김에 스님을 만나러 사천왕사에 가 보자꾸나."

소년과 어머니는 사천왕사로 갔습니다. 소년의 어머니가 이효 스님을 만날 수 있는지 물어보러 간 사이, 소년은 무시무시한 모습을 한 네 명의 천왕을 살펴보았습니다. 사천왕의 부리부리한 눈은 아무리 자주 보더라도 소년을 움츠러들게 하는 힘이 있었습니다.

불교의 수호신인 사천왕상 중에 칼을 들고 있는 지국천왕과 용과 여의주를 가지고 있는 광목천왕의 모습

"이효 스님이 널 만나 주시겠대. 어서 스님께 가자꾸나."

소년의 어머니는 사천왕 앞에서 우두커니 서 있는 소년의 팔을 잡아끌었습니다.

소년은 스님이 계신 방 안으로 들어가 절을 하고 조용히 앉았습니다. 이효 스님은 아무 말 없이 소년을 뚫어지게 쳐다보았습니다. 소년은 이효 스님의 눈빛이 마치 사천왕의 눈빛처럼 느껴졌습니다.

"그래. 꿈에서 끝없이 펼쳐진 모래벌판과 하늘까지 치솟은 높은 산의 눈밭을 보았느냐?"

나지막한 스님의 목소리는 눈빛과는 달리 무척 인자했습니다. 소년은 마음이 편안해졌습니다.

"네, 스님. 마치 가 본 것처럼 생생했습니다. 하지만 그런 곳이 있긴 한 걸까요?"

"흠, 네가 꿈에서 본 곳은 이 세상에 있단다."

스님이 웃으며 말씀하셨습니다.

"네? 그런 곳이 있다고요? 스님께서는 가 보셨나요?"

소년은 뜻밖의 대답에 너무 놀랐습니다.

"아니다. 나는 가지 못했지만, 당나라 스님들이 쓰신 책을 통해서 그곳이 어디인지 알고 있다. 그곳은 당나라에서 출발해서 부처님이 태어나신 천축으로 가는 길에 있단다. 네가 본 모랫길은 서역이라고 하고, 하늘 꼭대기의 눈밭은 총령이라고 부르는 곳이다."

스님의 말이 끝나기가 무섭게 소년은 다시 질문을 합니다.

"스님, 그곳은 금성에서 얼마나 가야 도착할 수 있나요? 어떻게 하면 갈 수 있나요?"

큰스님은 말없이 웃으시며 고개를 끄덕였습니다.

"허허, 성질이 급한 녀석이구나. 서역과 총령은 네 녀석이 생각하는 것처럼 쉽게 갈 수 없단다."

천축
중국인들이 고대 인도에 붙인 이름. 인더스 강을 일컫는 옛날 페르시아 어인 '헨뚜' 또는 미얀마 어 '턴뚜'에서 유래했다.

총령
중국인들이 중앙아시아의 파미르 고원에 붙인 이름으로, '파가 많은 고개'라는 뜻. 파미르 고원의 암석 틈에서는 야생 파가 많이 자란다.

스님은 그곳까지는 몇 년이 걸릴지도 모르는 먼 길일 뿐 아니라 어린아이가 혼자 갈 수는 더더욱 없는 길이라고 말씀하셨습니다. 게다가 신라 스님들 중에도 천축으로 가셨지만, 결국 돌아오시지 못한 분이 많을 정도로 위험한 곳이라는 말씀도 덧붙이셨습니다.

"스님, 아무리 위험해도 저는 그곳에 꼭 가 볼 거예요."

소년의 마음은 벌써 바다를 건너, 당나라를 넘어 서역과 총령으로 향했습니다.

"너는 실제로 그렇게 할 수 있을 것 같구나. 아마도 부처님께서 너를 천축으로 불러 중요하게 쓰실 일이 있으신가 보구나, 허허."

스님과 헤어져서 집으로 돌아온 뒤에도 소년의 마음은 낯선 이름을 가진 알 수 없는 세계에 대한 기대감으로 가득 차 있었습니다.

다음 날 아침, 해가 뜨기도 전에 소년은 이미 바다를 향해 걷고 있었습니다. 파란 눈을 가진 상인들이 진귀한 물건을 들고, 금성 옆의 항구에 드나든다는 소문을 들은 적이 있거든요. 아마도 그들이라면 더 많은 이야기를 해 주지 않을까 생각했습니다.

그러나 항구는 조용하기만 했습니다. 소년은 근처의 상인에게 파란 눈을 가진 외국 상인이 이곳에 오지 않았냐고 물었습니다.

"글쎄다. 몇 년 전인가 당나라 배를 타고 잠시 파란 눈에 검게 탄 피부를 가진 상인들이 오기도 했지. 그렇지만 최근에는 파란 눈을 가진 외국 상인들이 온 적은 없단다. 요즘은 바다 건너 왜 상인들이 자주 찾아오고, 가끔씩 당나라 상인들이 찾아올 뿐이지. 무슨 일로 그들을 찾고 있는 게냐?"

소년은 크게 실망했습니다. 항구로 올 때보다 훨씬 무거워진 발걸음을 이끈 채, 소년은 바닷가에 섰습니다. 소년은 당나라의 배들이 들어오는 먼 바다를 바라보았습니다. 보이지 않는 수평선 너머의 세계를 보고 있기라도 한 듯이 소년은 한동안 바다를 응시했습니다.

'그래. 그들이 오지 않는다면 내가 그들을 찾아 나설 거야.'

소년의 마음은 이미 수평선을 향해 멋지게 날아가는 한 마리 갈매기가 되어 있었습니다.

신라의 밀교

밀교는 불교의 한 흐름입니다. 인도의 밀교는 병을 치료하는 것, 장수하는 것, 비를 내리고 멈추게 하는 것 등에 많은 관심을 보였습니다. 밀교가 신라에 전파되었을 때, 신라는 고구려와 백제, 당나라와 많은 전쟁을 하고 있는 상황이었습니다. 밀교는 개인을 보호하는 것을 넘어, 부처님의 힘을 빌려 나라를 지키는 수호자 역할을 했습니다.

명랑 스님이 사천왕사를 세워 당나라 군대의 침입을 막으려 했던 것이 대표적입니다. 결국 당나라 군대가 쳐들어오자, 명랑 스님은 밀교의 신비한 비법인 문두루법으로 이들을 물귀신으로 만들었습니다. 명랑의 뒤를 이은 혜통도 왕과 왕녀의 병을 고치고, 나라가 위기에 처할 때마다 신비한 힘을 발휘해서 문제를 해결했습니다. 715년 이효 스님이 성덕왕의 부탁을 받아서 기우제를 지냈던 것도 신라 밀교의 중요한 역할이었습니다.

[광저우에서 꿈을 키우다]

723년 9월, 당나라 광저우 거리는 각종 향냄새로 가득 차 있었습니다. 세상의 모든 향이 인도양을 지나 동남아시아를 거쳐 광저우 항을 가득 채웠기 때문입니다. 이 향들은 서역과 인도, 페르시아와 아랍, 저 멀리 로마에서 건너온 것이었습니다. 중국이 불교의 중심지가 되면서, 부처님 앞에 피우는 향은 모든 중국인의 필수품이 될 정도였습니다.

조만간 10월이 되면 남쪽으로 부는 계절풍을 타고, 광저우 항을 가득 메운 거대한 배들은 당나라의 비단, 도자기, 종이, 철 등을 싣고 다시 인도양과 아라비아 해를 누비게 됩니다. 출발하기 전에 향, 무소뿔, 코끼리 뿔, 산호, 유리 등 가져온 상품을 팔려는 상인들의 목청소리가 높습니다.

"아저씨, 많이 팔았어요?"

▶ 광저우
중국 남동부 광둥 성에 있는 도시.

건장한 젊은 스님이 인도 상인 앞에 불쑥 나타나 말을 건넸습니다.

"스님, 또 오셨네요. 10월 중에는 다 팔 수 있을 겁니다."

상인은 검게 탄 얼굴 속에 감추어 둔 하얀 이를 드러내며 밝게 웃었습니다.

"아저씨의 향은 천축에서 가져온 최고급 침목향이니까 잘 팔릴 거예요."

젊은 스님은 유창한 인도어로 인도 상인의 앞날을 축복해 주었습니다.

"감사합니다, 스님."

'자, 이번에는 어디를 가 볼까? 발해 상인과 신라 상인들이 장사하는 곳을 다시 가 볼까? 아냐. 그곳을 가려면 페르시아 상인이 노예를 파는 곳을 지나야 하니까 너무 가슴이 아프겠지?'

스님이 잠시 고민을 하는 순간 문득 금강지 스님께서 오시기로 한 날짜가 바로 오늘이었다는 것이 생각났습니다. 스승님께서는 낙양과 장안으로 밀교를 전파하러 가셨거든요.

혜초는 인도 출신인 금강지 스님께 인도어를 익히고자 열심히 노력한 자신의 모습을 보여드리고 싶었습니다. 혜초의 발걸음은 더욱 빨라졌습니다.

낙양
예전에 중국 허난 성에 있는 '뤄양'을 우리 한자음으로 읽은 이름.

혜초는 광저우 항을 벗어나 주택과 여러 종교의 사원이 즐비하게 늘어선 거리에 들어섰습니다. 도로 맞은편으로 독특한 흰옷을 입고 높은 하얀색 모자를 쓴 마니교 사제들이 지나갑니다. 불교 승려와는 달리 머리를 밀지 않고 턱수염을 길게 기른 그들의 모습은 언제 보더라도 신기하기만 합니다.

파사사(페르시아 사원)라고 불리는 경교(기독교의 일종) 건물 주변에는 최근 들어 당나라 사람이 부쩍 늘었습니다. 조로아스터교와 마니교의 경우에는 광저우로 무역하러 온 소그드 상인들이나 페르시아 상인들만이 믿고 있었지만, 경교는 당나라 사람들 사이에도 제법 전파되고 있었습니다. 경교가 당나라 황제를 깊이 존중하고, 효도를 강조하면서 얻어낸 성과이기도 했습니다.

혜초는 세계의 모든 물건과 상인이 모여들고, 세계의 모든 종교와 생각이 넘쳐흐르는 광저우가 좋았습니다. 당나라로 유학을 떠나는 대부분의 신라 스님은 산둥 반도나 당나라 수도인 장안으로 갔지만, 혜초는 새로운 세계를 맘껏 보고 싶었기 때문에 이곳 광저우를 선택했습니다. 이곳은 불교의 새로운 사상인 선종이 최근에 활짝 꽃을 피운 곳이기도 했지만, 새로운 밀교 사상을 가르치기 위해 당나라로 들어오는 인도 스님들을 만날 수 있는 곳이기도 했습니다.

선종
참선 수행으로 깨달음을 얻는 것을 중요시하는 불교의 한 종파.

혜초는 이곳에서 금강지 스승님을 만나 제자가 될 수 있었습니다. 이곳에서 중국어와 인도어를 배우고, 새로운 세계로 나아갈 준비도 했습니다. 하지만 이제 곧 스승님을 다시 만나고 스승님의 허락을 받게 되면, 혜초는 지난 4년 동안 머문 이곳 광저우를 떠나야 합니다. 인도로 떠나기 전에 혜초는 두 번째 고향이나 다름없는 광저우를 가슴에 담으려고 했습니다. 그래서 바쁜 걸음 속에서도 부지런히 눈을 돌려 광저우의 곳곳을 돌아보았던 것이죠.

일주문
사찰로 들어가는 여러 문 중 사찰 입구에 있는 첫 번째 문. 기둥이 한 줄로 되어 있어서 일주문이라고 한다.

어느덧 혜초는 자신이 머물고 있는 사찰에 거의 도착했습니다. 멀리 일주문 앞에 낯익은 스님 한 분이 서 있는 것을 발견했습니다. 금강지 스님과 함께 장안에서 돌아온 불공 스님이었습니다.

"혜초 스님! 스승님께서 오셨습니다."

불공 스님은 반갑게 웃으며 달려오는 혜초 스님을 향해서 큰 목소리로 외쳤습니다.

당나라의 세계 종교들

당나라는 세계의 모든 종교가 모여드는 곳이었습니다. 불교는 물론이고, 조로아스터교, 마니교, 기독교의 한 종류인 네스토리우스교 등도 전파되었습니다. 조로아스터교(중국명 '천교')는 페르시아의 종교였는데, '거룩한 불'을 숭배한다고 해서 '배화교'로 불리기도 했습니다. 이 종교를 믿는 사람은 대부분 서역과 페르시아의 상인이었습니다.

마니교는 페르시아인 '마니'가 만든 종교입니다. 조로아스터교를 중심으로 기독교, 불교 등을 받아들여서 만든 종교입니다. 페르시아에서는 많은 탄압을 받았지만, 서역의 위구르족에게 큰 영향을 주었습니다. 그래서 당나라의 마니교도는 대부분 위구르족이나 소그드 상인이었고, 그들을 위해서 사원이 만들어졌습니다.

네스토리우스교(중국명 '경교')는 이단으로 간주되어 박해를 받았던 기독교의 한 종류입니다. 박해를 피해 동쪽으로 세력을 확장했으며, 이란 일대에 전해져서 많이 전파되었습니다. 당나라 태종 시기에 중국까지 전해졌습니다.

조로아스터교에서 숭배하는 신, 아후라 마즈다.

[스승 금강지의 권유]

"요즘도 파미르 고원의 꿈을 꾸느냐?"

"네, 스승님. 여전히 파미르 고원의 설산과 서역의 광야가 꿈속에서 저를 부르고 있습니다."

"그동안 인도로 떠날 준비는 많이 했느냐?"

금강지 스님은 찻잔을 내려놓으시며 혜초의 눈을 바라봅니다.

"날마다 쉬지 않고 인도어를 공부했습니다. 그리고 이미 인도를 다녀오셨던 법현 스님과 의정 스님, 삼장 스님의 책을 꼼꼼히 읽으면서 제가 가야 할 길에 대해서 살펴보았습니다."

혜초의 대답에는 자신감이 담겨 있었습니다. 금강지 스님은 혜초의 답을 예상하셨던 것처럼 말없이 고개를 끄덕였습니다.

"4년 전 광저우에서 처음 보았을 때도 너는 호기심과 열정으로 가득 차 있었지. 네가 광저우에서 나를 만날 수 있었던 것은 아마도 네가 간절히 그곳에 가기를 원했기 때문일 거야."

스승님은 혜초를 처음 만난 그날의 기억을 다시 떠올리시며 흐뭇하게 웃으셨습니다.

혜초는 금강지 스님을 처음 만났을 때 인도어는커녕 중국어도 제대로 하지 못했습니다. 손짓 발짓으로 제자로 삼아 달라고 떼를 썼지요. 혜초는 그런 자신을 제자로 받아 준 금강지 스님을 부모처럼 공경하고 감사하게 생각했습니다. 그런 스승님을 생각하자 혜초는 가슴이 뭉클해졌습니다.

▶ 힌두교에서 숭배하는 여러 신
힌두교는 인도의 전통적인 다신교로 인도의 다양한 종교가 통합돼 만들어졌다.

"혜초야, 우리는 이렇게 만났지만 다시 이별해야 될 듯싶구나. 오랫동안 부처님께서 꿈에서 너를 부르셨으니, 그 부름을 따라가 보아야 하지 않겠느냐?"

금강지 스님은 혜초에게 때가 되었음을 가르쳐 주셨습니다.

"혜초야. 조만간 세상은 크게 변할 것이다. 이미 부처님의 나라인 인도에서 그 변화가 나타나고 있다. 인도의 백성들은 부처님의 말씀보다 힌두교가 전하는 헛된 가르침에 더욱 귀를 기울이고 있단다. 삼장 법사가 다녀올 때와도 많이 다르지. 내가 인도를 떠나오기 전에는 인도의 서쪽에서 새롭게 성장한 사막의 아들들이 인도를 침략해 오기도 했다. 그들은 잘 조직된 군대만 가진 것이 아니라, 새로운 종교를 만들어 백성들의 마음을 사로잡으려고 했지."

금강지 스님의 말씀은 혜초에게 낯설었습니다. 사막의 아들들이 누구인지, 왜 침략해 들어왔는지 혜초의 마음속은 벌써부터 여러 궁금증으로 가득 차기 시작했습니다. 금강지 스님은 길을 떠나야 하는 혜초에게 두 가지 숙제를 내주셨습니다.

"첫째로 너는 가서 세상이 어떻게 변하고 있는지 자세히 알아오도록 해라. 부처님의 나라 인도가 어떠한 상황에 처해 있는지, 사막의 아들들이 어떻게 활동하는지를 알아오너라. 세상의 변화를 네 눈으로 직접 확인한 후, 세상 사람들에게 널리 알리는 것이 너의 첫 번째 임무이니라. 둘째는 새로운 변화 속에서 어떻게 해야 부처님의 지혜가 백성들의 마음속에서 잠들지 않고 빛을 발할 수 있을지 그 방법을 알아 오도록 해라."

"스승님, 저는 아직도 너무 어리석어서 그 귀중한 임무를 감당할 수 있을지 자신이 없습니다."

혜초는 자신에게 주어진 임무가 너무나 중요한 것임을 알고 두려워졌습니다.

"열정과 지혜를 모두 갖춘 나의 제자 혜초야! 용기를 가지고 인도로 떠나거라. 부처님께서 너를 부르신 까닭을 알 수 있을 것이다."

금강지 스님은 혜초의 곁으로 와서 두 손을 꽉 잡아 주었습니다. 스승님의 신뢰가 혜초에게 용기를 주었습니다. 혜초도 스승님의 두 손을 힘주어 잡았습니다. 그것이 혜초의 기나긴 여행을 알리는 시작이었습니다.

혜초 이전의 3대 구법 여행기

불교 승려들이 경전을 구하거나 공부를 하기 위해서 인도로 떠나는 여행을 '구법 여행'이라고 합니다. 혜초 이전까지 중국에는 유명한 구법 여행 기록이 세 개 있었습니다. 법현 스님의 『불국기』, 삼장 스님의 『대당서역기』, 의정 스님의 『남해기귀내법전』이었습니다. 법현 스님은 육로로 인도에 갔다가 바닷길로 당나라에 돌아왔습니다. 삼장 스님은 육로로 인도에 갔다가 다시 육로로 돌아온 뒤 방대한 여행기를 남겼습니다. 의정 스님은 바닷길로 인도에 가서 다시 바닷길로 돌아왔습니다.

『대당서역기』를 쓴 삼장.

대식국

대식국은 이슬람교가 창시된 후 활동한 아랍 세력을 일컫는 말입니다. 이슬람교는 마호메트가 610년경에 창시한 종교입니다. 당시에 지배적이었던 다신교가 아닌 알라를 유일한 신으로 받드는 사막의 종교입니다. 마호메트가 사망한 후 이슬람 세력은 유럽과 아시아 지역으로 영토를 확장하게 됩니다. 당나라 시기에 와서 이들과의 교류가 확대되면서 이들을 대식이라고 부르기 시작했습니다. 그 이전에는 대익, 대의, 조지 등으로 불렀습니다. '대식'을 공식적으로 사용한 기록은 두환의 여행기입니다. 두환은 고선지 장군과 함께 탈라스 전투에 참가했다가 아랍 군대의 포로가 된 사람입니다. 그는 12년 동안 아랍에 머물다가 당나라로 돌아와 여행기를 남겼고, 아랍을 '대식국'으로 표현했습니다. 하지만 혜초는 이 사람보다 약 50년 앞서서 아랍을 대식국으로 기록했습니다.

이슬람의 4대 성지인 카이로우안에 있는 북아프리카에서 가장 오래된 모스크이다. 이 모스크가 건립될 시기 이후부터 이슬람 세력은 서남아시아로 영토를 확장하기 시작했다.

▶ **혜초의 여행 경로** | 광저우 – (바이샬리) – 쿠시나가라 – 바라나시 – 라지기르 – 부다가야 – 바라나시 – 카냐쿱자 – 나시크 – 신드 – 잘란다라 – 탁샤르 – 라지푸타나 – 탁샤르 – 잘란다라 – 카슈미르 – 간다라

2장 인도로 가는 길

혜초는 바다의 실크로드를 따라 '부처님의 나라' 인도를 찾아갑니다. 다섯 개의 인도 지역에서는 많은 변화가 일어나고 있었습니다. 혜초는 인도의 변화를 직접 확인하면서, 부처님의 참된 지혜가 세상을 밝힐 수 있는 방법을 찾으려 했습니다. 다섯 개의 인도 지역에서 혜초는 질문에 대한 실마리를 조금씩 얻을 수 있었습니다.

[바다의 실크로드]

혜초가 탄 남해 무역선은 늦가을에 불어오는 계절풍을 타고 서쪽으로 나아갑니다. 무역선은 수백 명의 사람들과 그들의 화물을 넉넉히 실을 만큼 웅장했습니다. 배 위에서는 당나라 상인, 인도 상인, 페르시아 상인, 서역 상인, 동남아시아 상인들이 끼리끼리 모여 시끌벅적하게 이야기꽃을 피웁니다. 상인들의 표정 속에서는 기나긴 바다 여행에 대한 두려움의 흔적을 전혀 느낄 수 없습니다. 그들이 타고 있는 거대한 당나라 상선은 지난 수십 년 동안 저 큰 돛을 달고 큰 사고 없이 인도양 곳곳을 누볐으니까요.

무역선이 잠시 쉬어간 곳은 크메르의 작은 항구였습니다. 보통 당나라를 출발한 무역선들이 인도나 페르시아 쪽으로 가기 위해서 잠시 쉬는 곳은 크메르가 아니라 베트남 남부의 참파 지역이었습니다. 갑자기 항로가 바뀐 까닭에 대해서 외국 상인들이 어수선하게 떠들어 대자 선장이 나와서 설명합니다.

크메르
지금 국명은 캄보디아이며 수도는 프놈펜이다. 동남아시아의 인도차이나 반도에 있다.

"원래는 베트남의 큰 항구에 머물러야 하지만, 지금 그곳에서 전쟁을 한답니다. 작년부터 베트남이 당나라에 대항해서 반란을 일으켰어요. 그래서 당나라가 군사를 보내 지금 한창 전쟁 중이랍니다. 여러분들도 안전하게 돌아가는 것이 좋죠?"

스승님의 걱정처럼 당나라 밖의 세계는 어떤 큰 변화의 조짐을 보이는 듯했습니다. 혜초는 크메르의 작은 항구에 잠시 머물게 되었습니다. 멀미가 날 것 같이 출렁거리는 바다에서 벗어나 오랜만에 밟는 육지였습니다. 혜초는 끝없

는 망망대해만을 보는 것이 슬슬 지겨워질 참이었습니다. 육지에 내리자마자 크메르의 신기한 물건들을 찾아 특유의 호기심을 발휘합니다. 바다거북과 자라가 혜초의 눈요깃거리가 되어 주었습니다. 이곳 사람들의 땋은 머리와 검은 피부, 길게 늘어뜨린 턱수염도 이국적인 분위기를 물씬 풍깁니다. 혜초는 종이에다 새로운 물건들과 사람들의 모습을 그림으로 그리고, 글로 적었습니다.

짧은 휴식이 끝나고 무역선은 다시 인도네시아의 수마트라 섬을 향해 출발했습니다. 수마트라 섬은 당나라와 인도의 중간에 있는 무역 중심지였습니다. 당나라 상인이든, 페르시아나 아랍의 상인이든, 수마트라 섬에서 한동안 머물며, 항해에 적당한 바람을 기다리곤 했습니다.

광저우를 떠난 지 한 달 뒤에 혜초가 탄 무역선도 수마트라 섬의 팔렘방 항구에 도착했습니다. 페르시아 상인이나 대식국 상인들은 고향으로 가는 배를

오늘날의 인도네시아 수마트라 섬의 람풍 항

바꿔 타기 위해서 화물을 챙겨 내립니다. 동남아시아 여러 나라의 상인들은 고향에 돌아온 기쁨에 북받쳤는지 서로 부둥켜안고 소리를 지르며 좋아합니다. 한동안 이 무역선도 수마트라 섬에 머물면서 다음번 항해에 적합한 바람을 기다릴 것입니다.

수마트라 섬은 혜초에게 낯선 곳이 아니었습니다. 혜초보다 50여 년 전에 인도로 구법 여행을 떠났던 의정 스님께서 오랫동안 이곳에 머물면서 여러 사정들을 책으로 자세하게 남겼기 때문입니다. 혜초는 인도에 대한 최신 정보를 담고 있는 의정 스님의 책을 반복해서 보았고, 그 덕분에 낯선 곳들을 머릿속에 모두 그려 볼 수 있을 정도였습니다.

수마트라 섬은 의정 스님의 설명과 딱 맞았습니다. 수마트라 섬에서는 당나라와 인도양 일대의 해양 무역을 중계하며 성장했던 스리비자야 왕국이 눈부신 발전을 하고 있었습니다. 일찍부터 불교를 받아들였고, 왕부터 백성까지 부처님의 말씀 아래 평화를 누리는 나라였습니다. 그래서인지 이 나라는 풍요로움과 편안함이 느껴졌습니다.

또한 이곳에는 인도의 날란다 사원에서 공부하기를 원하는 많은 당나라 스님이 머물고 있었습니다. 당나라 스님들은 인도의 무더운 날씨에 미리 적응하기 위해서, 또한 인도어를 미리 익히기 위해서 긴 시간을 수마트라 섬에서 보내야 했습니다. 혜초는 광저우 항의 인도 상인들과 스승님이 계시지 않았다면 자신도 이곳에 오래 머물러야 했을지도 모른다는 생각이 들었습니다.

수마트라 섬 팔렘방 항구는 다시 시끄러워지기 시작했습니다. 하늘이 맑아졌고 서쪽으로 부는 바람은 무역선들에게 항해를 부추겼습니다. 혜초는 무역

▶ 불에 탄 날란다 사원의 현재 모습

인도의 비하르 시 바로 남쪽에 있는 유명한 불교 수도원. 불교 연구의 중심지였으며, 중국과 신라의 유학승들이 와서 활동했다. 12세기 말 이슬람 군대에 의해서 파괴되었다.

선에 올라 스리비자야 왕국의 모습을 다시 찬찬히 둘러봅니다.

'이 유쾌하고 풍요로운 나라를 다시 볼 수 있을까?'

혜초는 두 손을 모아 합장하면서 스리비자야 왕국의 번영을 기원합니다. 그리고 왕국의 서쪽 바로스 지방을 향해서도 합장을 했습니다. 신라 스님 두 명이 인도에서 돌아오다가 저기 멀리 보이는 바로스 지방에서 병으로 돌아가셨기 때문입니다. 인도로 향하는 길은 설레기도 하지만 목숨을 걸어야 하는 위험한 길이었습니다.

시원한 바람은 인도행 무역선을 서쪽으로 신나게 밀어 주었습니다. 다시 긴 항해가 시작되었습니다. 낮과 밤이 몇 번이나 바뀌었는지 알 수 없었습니다. 밤하늘을 수놓은 별과 잠시도 잠들지 않는 파도가 가득한 밤이 또 찾아왔습니다. 혜초는 배의 난간에 기대어 별빛과 파도 소리에 취해 있었습니다.

"스님, 별을 보고 계십니까?"

밤늦은 시간인데도 잠들지 못하는 혜초에게 선장이 말을 건넵니다.

"네, 선장님. 오늘 밤하늘의 별은 유난히 크고 아름답습니다."

"그렇죠. 우리 무역선도 저 별들 덕분에 이렇게 먼 바다까지 나올 수 있습니다. 별들이 어느 쪽으로 나아가야 할지 알려주니 그저 고마울 뿐이죠. 그런데 스님은 오랫동안 인도에 머무실 건가요?"

"아닙니다. 부처님의 나라를 둘러본 뒤에 곧장 인도 북쪽의 여러 나라들을 여행하려고 합니다. 사막의 아들들이 있는 곳까지 갈 수 있으면 더욱 좋겠지요."

"사막의 아들들이 살고 있는 곳까지요? 그 먼 곳까지 왜 가려 합니까?"

"제 스승님이 세상에 큰 변화가 있을 것이라 말씀하셨습니다. 그래서 직접 가서 확인해 보려고 합니다."

"그러시군요. 세상의 변화라······. 스님의 스승님께서 잘 보신 것인지도 모르겠군요. 최근 이곳에서도 아랍 상인들이 가장 열심히 활동하고 있으니까요. 조만간 그들은 '사막의 아들'이 아니라 '바다의 아들'이 될지도 모릅니다. 무서운 사람들이에요."

"그들이 그렇게 장사를 잘하나요?"

"장사로 봤을 때 둘째라면 서러워할 소그드 상인들이나 페르시아 상인들도 요즈음 아랍 상인들에게 많이 밀리고 있죠. 우리 당나라 상인들도 조금씩 힘들어하고 있습니다."

혜초는 잠시 말을 잃고 깊은 생각에 빠져듭니다.

"스님, 밤이 깊었습니다. 이제 그만 주무시죠. 조만간 인도의 탐루크 항에 도착할 겁니다."

선장의 작별 인사가 혜초의 생각을 다른 곳으로 돌려놓습니다. 얼마 후면 혜초는 그토록 기다리던 새로운 세계에 발을 딛게 될 것입니다.

소그드 상인

소그드 상인은 중앙아시아 일대에 살았던 이란계 유목 상인으로 서역과 중국을 오가며 무역을 했습니다. 소그디아나는 지금의 우즈베키스탄 자리에 있던 이란의 고대 국가입니다. 소그드 상인들은 실크로드를 따라 판지켄트나 사마르칸트에서부터 중국까지 오가며 물건을 사고팔았습니다.

▶ 소그드 사람

바다의 실크로드가 발달한 배경

6세기 이후 페르시아 상인들이 바다 실크로드를 활발하게 이용하면서 해상 무역이 발전했습니다. 페르시아가 무역의 중심을 육지에서 바다로 옮긴 것은 돌궐과 관련이 있습니다. 6세기에 실크로드 북쪽에서 세력을 키운 돌궐은 육지 실크로드를 장악하고, 동서 무역을 통제했습니다. 돌궐의 행동에 불안을 느낀 페르시아는 방향을 전환해서 인도양을 거쳐 중국의 동남 해안에 이르는 바다 실크로드를 이용했습니다. 배를 만드는 기술과 천문을 이용하는 항해술의 발전이 페르시아 상인의 새로운 도전을 가능하게 해 주었습니다. 하지만 페르시아가 아랍에 멸망한 이후부터 해상 무역의 주도권은 아랍 상인들에게 넘어갔습니다.

[부처님의 발걸음을 따라서]

혜초는 마침내 부처님의 나라, 인도에 발을 디뎠습니다. 천 년 전 이곳 인도에서 세상을 밝힐 참된 지혜를 전해 주신 부처님의 발걸음이 이 지역 곳곳에 자리 잡고 있었습니다. 혜초는 경전으로만 전해 들었던 부처님의 활동 무대를 직접 볼 수 있다는 사실에 적잖이 흥분되었습니다.

인도의 동부와 중부는 부처님께서 살아 있을 때 활동하신 유명한 장소들입니다. 부처님을 믿고 따르는 이들이라면 누구나 부처님의 발자취가 깃든 성지 여덟 곳을 순례하고 싶어 했습니다. 혜초도 예외는 아니었습니다.

8대 성지에는 부처님의 탄생, 깨달음, 가르침, 기적, 죽음에 이르는 아름다운 이야기들이 전해지고 있습니다. 또한 부처님의 이야기를 기념하기 위해 세운 여덟 개의 웅장한 탑도 굉장한 볼거리였습니다. 혜초는 갠지스 강 주변에 넓게 펼쳐져 있는 8대 성지의 탑을 하나씩 찾아가며 경배 드렸습니다. 그 탑들 중 한 탑에는 부처님의 공양 그릇을 훔쳐서 꿀을 모아 바친 원숭이들의 모습이 새겨져 있었습니다. 혜초는 자신도 그 원숭이들처럼 되기를 원했습니다. 그래서 무더위와 배고픔도 잊은 채 8개 탑을 순례하며 열정을 가득 담아 부처님께 바쳤습니다.

혜초는 여덟 개 탑을 모두 순례한 후 기쁨에 넘쳐서 시를 지었습니다.

여덟 탑을 직접 보는 것은 너무도 어려운데,
그 탑들이 오랜 세월 속에 이리저리 타 버렸으니

바라나시의 갠지스 강가에 있는 사원들.

어찌 만나려는 소원이 쉽게 이루어질 수 있겠는가?
하지만 바로 이 아침, 마침내 내 눈으로 모두 보았노라!

하지만 쿠시나가라, 바라나시, 라지기르, 부다가야 등을 순례하면서 혜초의 마음에는 기쁨만이 아니라 안타까움도 커졌습니다. 부처님이 활동하셨던 성들은 이미 폐허가 되어 있었고, 탑은 아무도 살지 않는 곳에 버려져 있었습니다. 부처님의 위대한 탑이 있는 곳에는 참배객이 아니라 물소나 호랑이가 어

> **자이나교**
> '자이나'는 고통을 극복한 '승리자'라는 뜻이다. 이 종교는 어떠한 생명도 죽이지 않을 것을 핵심으로 삼아 인간의 본성을 완전하게 하는 것을 목표로 삼는다.
>
> **마하비라**
> 부모가 죽은 후 출가하여 12년의 고행 끝에 깨달음을 얻어 자이나(승리자)가 되었다. 자신이 깨달은 진리를 30년 동안 가르쳤으며 72세에 생을 마쳤다.

슬렁거리고 도적들이 득실대고 있었습니다. 혜초가 죽음을 무릅쓰고 부처님의 나라를 보고 싶어 했던 것과 달리, 이 땅에 살고 있는 백성들은 부처님의 말씀을 잊어 가고 있었습니다.

인도의 백성들은 부처님 대신 힌두교의 시바 신을 숭배했고, 스님들 대신 자이나교 성자들의 말을 따랐습니다. 시바 신을 열심히 믿는 사람들은 옷을 입지 않고 온몸에 재를 발랐습니다. 자이나교의 일부 신도들도 옷을 입지 않고 돌아다녔어요. 또한 이들 중 일부는 해골 구슬 목걸이를 걸고 다니거나, 풀잎으로 몸을 가리기도 했지요. 이런 사람들이 인도의 중·동부에 많았던 것은 불교의 성지인 이곳이 또한 시바 신의 성지였으며, 동시에 자이나교의 창시자 마하비라의 활동 무대이기도 했기 때문입니다.

80여 년 전에 삼장 스님이 이곳을 방문했을 때만 해도 이렇지는 않았습니다. 위대한 하르샤 왕이 인도 전국을 안정시키고 불교를 널리 전파했기 때문입니다. 하지만 하르샤 왕이 사망한 이후 인도는 혼란스러웠고 백성들의 삶은 어려워졌습니다.

인도의 백성들은 얇은 빵과 미숫가

▶ **시바**
힌두교의 중요한 신. 파괴자이자 재건자이며, 위대한 고행자이자 사랑의 상징이기도 하다.

루, 우유나 치즈 정도의 음식밖에 먹지 못했지만, 혜초가 음식을 청할 때마다 아낌없이 나눠 주었습니다. 살생을 나쁘게 여겨서 시장에서 짐승을 죽여 고기도 팔지 않았습니다. 그들은 얇고 낡은 베옷을 입고 있었지만 혜초에게 항상 따뜻한 눈길을 보내는 사람들이었습니다. 혜초는 가난하지만 착한 인도 백성이 부처님의 말씀을 떠나 사는 것이 몹시 안타까웠습니다.

> **하르샤 왕**
> 굽타 왕조가 쇠퇴한 후, 서북 인도에 세워진 하르샤 왕조의 창시자(590년경~647년경). 갠지스 유역의 영토를 확보하고 서인도를 정복했으며, 북인도의 지배에 힘을 기울여 40년 동안 번영했다. 인도에 온 삼장 스님을 지원했다.
>
> **야소바르만 왕**
> 혜초 방문 당시에 중인도 지역의 통치자. 동시대 문학 작품인 『가우다바호』에서 야소바르만의 영토는 동쪽으로 벵골 만에 이르렀다고 한다.

혜초는 답답한 마음을 안고서 중인도의 수도인 카냐쿱자(카나우지)에 도착했습니다. 성내에 들어서자 많은 사람이 어떤 장소를 향해 몰려가기 시작했습니다. 혜초도 그 까닭을 알고 싶어 사람들과 함께 가 보았습니다. 사람들의 발걸음은 성안에서 가장 화려한 3층 건물에 멈춰 섰습니다. 건물 주위에 둘러앉은 수많은 백성이 무엇인가를 기다리며 왁자지껄하게 떠들고 있습니다. 곧이어 여러 병사들과 함께 화려한 옷을 입은 사람이 의자에 앉자 몇 사람이 그 앞으로 나와 열심히 자신의 주장을 펼칩니다.

"저 의자에 앉은 사람이 누구입니까?"

혜초는 이 상황이 궁금해서 옆에 있는 무명옷을 입은 사람에게 살며시 물어보았습니다.

"저 분을 모른다고요? 저 용상에 앉은 분이 바로 위대한 야소바르만 왕입니다."

"저 왕이 훌륭한 일을 많이 했나 보죠?"

"많이 하다마다요. 하르샤 왕 이후에 가장 위대한 왕이지요. 코끼리를 9백 마리나 가지고 있죠. 전쟁이 일어나면, 우리 왕은 병사들과 함께 나가서 싸울 때마다 이깁니다. 다른 지역에 있는 나라들과 싸워서 한 번도 패배한 적이 없을 정도니까요."

무명옷의 남자는 무척이나 강한 자부심을 가지고 있었습니다.

"그렇다면 저 분도 하르샤 왕처럼 부처님의 말씀을 백성들에게 널리 전하고 있습니까?"

혜초는 가장 궁금했던 질문을 던졌습니다.

"물론이지요. 야소바르만 왕은 스님들을 깊이 존중하고, 많은 백성이 부처님의 말씀을 따르도록 권하고 있지요. 하지만 아무리 왕이 노력한다고 해도 힌두교를 따라잡을 수는 없을 것입니다. 백성들이 시바 신을 더 많이 믿고 있으니까요."

혜초의 답답한 마음은 조금이나마 위로를 받을 수 있었습니다.

💡 인도의 전쟁 방식

혜초의 『왕오천축국전』은 인도 각 지역의 왕이 가진 코끼리 수를 자세하게 기록합니다. 중인도 왕의 코끼리 수는 9백 마리이며, 지방 관리들은 각각 2~3백 마리씩의 코끼리를 가지고 있었습니다. 남인도 왕은 8백 마리를, 서인도 왕은 5~6백 마리의 코끼리를 각각 가지고 있었고, 북인도의 왕은 3백 마리를 가지고 있었습니다. 당시 인도의 전쟁 방식은 일반적으로 코끼리와 병사의 수가 적으면, 바로 화해를 요청해서 해마다 세금을 바쳤습니다. 인도에서 코끼리의 수는 전쟁의 승패를 결정짓는 가장 중요한 기준이 되었습니다.

불교의 8대 성지

8대 성지 중 네 곳은 부처님의 생애와 직접 관련이 있는 곳입니다. 그곳은 바로 부처님이 태어나신 룸비니 동산, 깨달음을 얻으신 부다가야, 처음으로 말씀을 가르치신 사르나트, 그리고 부처님께서 열반하신 쿠시나가라입니다. 나머지 네 곳은 부처님께서 중요한 활동을 하시거나 놀라운 기적을 행하신 곳이었습니다. 최초의 불교 사원인 죽림정사가 있는 라지기르, 중요한 교리를 전하셨던 바이샬리, 25년 동안이나 머무셨던 기원정사가 있는 슈라바스티, 마지막으로 어머니 마야 부인을 위해 하늘에 올라가 3개월 동안 설법하고 내려오신 상카샤입니다.

8대 성지 지도

▶ 부다가야
8대 성지 중 부처가 깨달음을 얻은 곳인 부다가야의 모습이다.

[이슬람 세계의 위협]

혜초는 중인도를 떠난 후 3개월을 걸어 남인도의 수도 나시크에 도착했습니다. 무더운 날씨가 이어져 나무 그늘에 앉아 있어도 땀이 줄줄 흘렀습니다. 무거운 나무 배낭을 맨 혜초의 얼굴에도 땀방울이 흘러내렸습니다. 하지만 더위보다도 혜초를 더욱 괴롭혔던 것은 이 나라에서 부처님의 지혜가 조금씩 사라져 가는 것을 눈으로 확인하는 일이었습니다.

남인도의 왕은 코끼리 8백 마리를 가진 강한 왕이었습니다. 인도 안에서 중인도의 야소바르만 왕을 상대할 수 있는 유일한 적수였지요. 남인도의 왕과 백성들은 부처님의 말씀을 잘 따르고 스님들을 공경했습니다. 중인도의 수도에서처럼 말입니다. 하지만 수도에서 조금만 벗어나도 큰 사찰은 전혀 보이지 않고, 백성들은 자비로운 부처님의 말씀과 관계없이 살고 있었습니다.

남인도에는 매우 가파른 산에 웅장한 규모로 만든 사찰이 있었습니다. 사타바하나 왕이 용수 보살을 위해 바위산을 뚫어 5층으로 만든 절이었습니다. 각 층마다 코끼리, 사자, 말, 소, 비둘기 모양으로 돌방을 만든 절이었죠. 혜초는 이 절을 보고 무척 놀라, 용수 보살이 야차신을 시켜 지었을 것이라고 생각했습니다. 500여 년 전에 용수 보살이 살아 계셨을 때에는 승려 삼천 명이 있었고, 쌀 열다섯 가마니로 스님 삼천 명

사타바하나
사타바하나 왕조는 인도 남부(데칸 고원 일대)에 제국을 세운 최초의 왕조다. 용수 보살이 살았던 시대는 사타바하나 왕조의 전성기로 여겨진다.

용수 보살
대승불교를 확립한 인도 승려. 인도 이름은 '나가르주나'다. 용수는 본래 인도 최고 계급인 브라만 출신으로, 매우 총명하여 아무리 긴 경전이라도 한 번만 들으면 다 외울 정도였다. 젊어서부터 주변 여러 나라에 이름이 알려졌으며 천문, 지리, 도술에도 능통했다고 한다.

을 매일 공양한 절이었습니다. 그렇게 해도 쌀이 바닥나지 않았고, 써도 다시 생겨나는 신비로운 사찰이었죠. 하지만 이처럼 훌륭한 사찰이 이제는 버려져 단 한 명의 스님도 살고 있지 않았습니다.

혜초는 하얀 목화밭이 넓게 펼쳐진 데칸 고원을 넘어갑니다. 가는 곳곳에 벼를 키우는 농부들의 모습도 봅니다. 우연히 길에서 만난 황소를 보며 혜초는 반갑기도 하고 놀랍기도 했습니다. 지금까지 만난 인도의 소는 대부분 흰색이었기 때문입니다. 인도에서 황소를 만난 혜초는 고향 신라 생각이 간절해졌습니다. 하얗게 피어난 목화들을 비추는 둥그런 보름달은 고향 신라에서도 보았던 바로 그 달이었습니다. 혜초는 사무칠 정도로 어머니가 보고 싶어졌습니다. 혜초는 깊은 그리움을 담아 시 한 수를 짓습니다.

달 밝은 밤에 고향 길을 바라보니
뜬구름 너울너울 돌아가네.
그 편에 편지 한 장 부쳐 보지만
돌아오는 대답 들을 수 없구나.
내 나라는 하늘가 북쪽에 있고
지금 나는 땅끝 서쪽에 있네.
바다 건너 소식 전해 줄 기러기마저 없으니
누가 소식 전하러 신라로 날아가리.

혜초는 북쪽으로 두 달을 걸어 서인도의 나라 신드에 도착했습니다. 신드

▶ 데칸 고원
인도 남부에 있는 고원. 비옥한 흙으로 덮여 있어 목화가 많이 나며 지하자원도 풍부하다.

는 인더스 강이 아라비아 해로 흐르는 인도 서북쪽에 넓게 자리 잡고 있었습니다. 서인도 곳곳에는 사찰과 승려가 매우 많아서 혜초의 마음은 안타까움에서 잠시 벗어날 수 있었습니다. 밭에서는 보리나 밀, 콩 농사를 짓는 농부들의 노랫소리가 흘러나옵니다. 서인도의 농부들은 노래를 유난히 잘했습니다. 인도의 다른 지방 농부들과는 비교할 수 없을 정도였으니까요. 혜초는 가던 길을 잠시 멈추고, 농부의 노랫가락에 발장단을 맞출 때가 많았습니다.

그런데 혜초는 서인도 왕이 살고 있는 성으로 들어가는 입구에서 한 노인을 만나게 되었습니다. 머리는 헝클어지고 옷매무새도 엉망인 노인은 술병을 들고 비틀대며 거리를 걷고 있었습니다. 고래고래 소리를 지르다 킬킬대다가 털썩 주저앉아 땅을 치며 눈물을 흘렸습니다. 인도 사람들이 술을 마시는 것을 잘 보지 못한 혜초는 놀라서 옆의 상인에게 노인이 왜 저러는지 물어보았습니다.

"저 노인에게는 사랑하는 두 아들이 있었습니다. 그런데 최근에 사막의 아들들이 쳐들어와서 두 아들은 모두 전쟁터에 나갔죠. 불행하게도 두 아들 모두 전쟁터에서 죽고 말았습니다. 그 이후부터 노인은 날마다 술을 마시고, 미친 사람처럼 거리를 헤매고 다니고 있지요."

혜초는 그저 말없이 노인을 지켜보았습니다. 힘든 일을 겪고 슬픔을 간직하고 채 살아야 할 노인의 앞날이 걱정되었습니다. 혜초의 마음속에서 세상을 전쟁터로 만드는 사람들에 대한 분노가 치밀어 올랐습니다. 또한 사막의 아들들이 세상을 어떻게 변화시킬지에 대한 걱정도 커졌습니다.

'스승님께서 나를 인도로 보내신 까닭이 바로 여기에 있었구나. 조금 더 북쪽으로 가면 사막의 아들들이 변화시킨 세상의 모습을 볼 수 있을까?'

혜초는 두 손을 모아 노인을 향해 합장을 합니다.

'두 아들이 극락왕생하기를. 부처님의 자비와 평화가 당신과 함께하기를.'

극락왕생
불교에서 사람이 죽은 후 다른 세상에 가서 태어나는 것을 '왕생'이라고 한다. 그중에서도 '서쪽의 극락세계'에 다시 태어나는 것을 말한다.

아랍의 서인도 침략

712년 아랍 군대의 총사령관 무함마드 이븐 까심이 서인도를 공격했습니다. 사자국(스리랑카) 왕이 아랍에 보낸 선물을 인도의 해적들이 약탈하고, 아랍의 부녀자들을 납치해 갔다는 이유였습니다. 아랍 군대는 큰 승리를 거두었으며 서인도의 왕 다하르를 살해했습니다. 아랍 원정군은 계속해서 인도를 점령해 갔지만, 아랍에서 분열이 일어나 아랍 군대의 공격은 잠시 멈추었습니다.

이 틈을 이용하여 다하르 왕의 아들 자이시야가 아랍 군대를 공격하였고, 일부 지역을 다시 빼앗았습니다. 717년 아랍의 왕이 이슬람교를 받아들이기만 하면 아랍의 간섭 아래에서 독립을 인정할 것이라고 제안했습니다. 자이시야와 서인도의 지배층은 이 제안을 받아들였습니다. 혜초가 서인도 지역의 신드를 방문한 때(725~726년 무렵)는 아랍의 총독이 인더스 강 하류를 점령하고 있었기 때문에, 혜초는 서인도의 절반이 파괴되었다고 기록했습니다.

▶ 신드
지금 신드는 파키스탄 남동부의 주이다. 사진은 신드의 주도 카라치에서 채소를 파는 상인의 모습이다.

▶ **인도**

인도 북서쪽에 위치한 라자스탄 주의 자이살메르 시와 자이살메르 성의 모습이다.
불교와 힌두교의 굽타 왕조가 망하고 난 후 이슬람 세력에 의해서 점령되었다.
지금은 힌두교, 자이나교, 이슬람교 신자가 함께 살고 있다.

[불교가 다시 활짝 꽃핀 까닭]

혜초는 서인도를 벗어나 북인도의 높은 산악 지대를 계속 걸어갔습니다. 인도에서 한 번도 접한 적 없는 차가운 바람이 불어옵니다. 아직까지 서리나 눈을 만난 적은 없지만, 조만간 옷깃을 더 여며야 할지 모르겠다고 혜초는 생각합니다. 혜초는 등에 짐을 잔뜩 실은 당나귀, 노새들과 함께 북인도의 잘란다라에 도착했습니다.

성문을 통과하자 바쁘게 움직이는 군사들의 모습이 보입니다. 혜초는 인도의 다른 곳에서는 볼 수 없었던 긴장감을 느꼈습니다. 잘란다라의 왕은 코끼리가 3백 마리에 불과하고 군사도 많지 않았습니다. 남쪽의 중인도나 북쪽의 카슈미르는 약한 잘란다라를 자주 공격했습니다. 그래서 잘란다라는 높은 산에 의지해서 견고한 성을 쌓고, 군사를 훈련시켜 적의 침략에 대비했던 것입니다.

혜초는 서쪽으로 한 달을 걸어 탁샤르에서 잠시 머물다가, 다시 한 달을 걸어 라지푸타나에 도착했습니다. 이 나라에는 쉴 새 없이 바람이 부는 데다 땅에도 소금기가 남아 있어 과일이나 곡식은 잘 자라지 않았습니다. 사람들은 동물의 젖과 버터로 배를 채울 수밖에 없었습니다. 게다가 서인도를 침략한 대식국 군대가 최근 이곳을 침략해서 나라의 절반이 파괴되고 말았습니다. 혜초는 북인도에 밀어닥친 전쟁의 결과가 매우 걱정되었습니다.

혜초는 '타마사바나'라는 사찰의 주지 스님과 이야기를 나누었습니다. 주지 스님은 이 절이 부처님이 살아 계실 때 설법하신 곳이라고 자랑했습니다. 또 동쪽 골짜기에 탑이 하나 있는데, 탑 속에 부처님이 깎은 머리카락과 손톱, 발

톱이 있다고 했습니다. 혜초는 부처님의 사리 대신, 머리카락, 손톱, 발톱을 탑 속에 넣어 기념하는 것이 참 특별하고 재미있다고 생각했습니다.

혜초는 주지 스님께 북인도를 여행하면서 궁금한 점을 물었습니다.

"스님, 북인도의 나라들은 모두 전쟁 때문에 힘들어하고 있는데 다른 곳보다 부처님의 말씀을 더욱 열심히 따르고 있습니다. 그 이유를 모르겠습니다."

주지 스님은 한참을 궁리하다가 입을 열었습니다.

"적들과 맞서 싸우기에는 나라가 약하니까 그것을 이겨 내려면 백성들의 마음이라도 하나가 되어야 하는데……. 그러다 보니 부처님께 더 의지하게 되는 게 아닐까요?"

혜초는 고개를 끄덕였습니다.

인도의 서북쪽에 위치한 이 나라는 대식국의 공격을 받지만, 동북쪽 지역의 여러 나라에서는 당나라와 티베트가 힘 대결을 하고 있었습니다. 당나라와 티베트가 서로를 공격하기 위해서 반드시 지나야 하는 길목에 있는 나라들이었으니까요. 그러니까 동북쪽에서는 당나라와 티베트가, 서북쪽에서는 대식국과 돌궐이 서로 겨루고 있는 어지러운 상황이었습니다. 혜초는 인도 북쪽에서 일어나고 있는 거대한 변화가 조금씩 이해되었습니다. 그리고 자신의 두 눈으로 세상의 변화를 보고 싶었습니다. 혜초는 주지 스님에게 감사를 드리고 다시 길을 떠났습니다. 길을 떠나는 혜초에게 주지 스님은 몸조심하라는 당

사리
스님이 돌아가시면 화장을 하는 것을 '다비'라고 하는데, 다비를 하고 난 후에 남는 구슬 모양의 유골을 말한다. 사리는 흔히 참된 수행의 결과로 생겨난다고 하며, 이것을 모아 탑 속에 넣는다.

티베트
티베트는 중국 당나라, 송나라 시기에는 토번이라고 불렸다. 토번은 당시 티베트 고원에 있었던 왕국과 티베트 족을 가리킨다.

부를 했습니다.

혜초는 북쪽으로 향했습니다. 바람은 더욱 날카롭게 몸속으로 파고들었습니다. 흐린 날씨가 계속 이어지더니 마침내 눈이 내리기 시작했습니다. 보름을 걸어 높은 산으로 둘러싸인 요새 같은 나라, 카슈미르에 도착했습니다. 카슈미르는 동쪽에서 서쪽으로 걸어서 하루면 도착할 수 있는 작은 나라였지만, 길이 너무 험해서 주변 나라들이 쉽게 침략할 수 없었습니다.

성안의 집의 지붕은 모두 널빤지로 덮여 있었고 곳곳에는 포도나무가 심어져 있었습니다. 백성들은 추위를 피하기 위해서 모두 펠트를 걸치고, 터번을 두르고 다녔습니다. 카슈미르 분지 안에는 이 나라를 지키는 용이 산다는 호수가 있었고, 많은 백성이 이 나라와 포도를 보호해 주는 용신을 섬겼습니다. 일부 백성들은 힌두교를 믿기도 했지만, 여전히 불교가 이 나라에서 가장 중요한 역할을 하고 있었습니다.

혜초는 당나라와 티베트가 팽팽하게 맞서고 있는 북쪽의 발률로 갔습니다. 발률의 북쪽은 파미르 고원, 동쪽은 톈산 산맥, 서쪽은 힌두쿠시 산맥으로 둘러싸여 있었습니다. 인도와 당나라, 티베트를 연결하는 교통의 길목에 있었기 때문에 당과 티베트는 발률을 자기편으로 끌어들이려고 했습니다.

발률 왕은 당나라 황제에게 사신을 보내 도움을 요청했고, 티베트는 군대를 보내 발률을 공격했습니다. 결국 발률 왕은 수도였던 발티스탄을 포기하고 북쪽에 있는 길기트로 도망을 갔습니다. 그래서 티베트의 지배를 받고 있는 발티스탄을 '대발률'로 불렀고, 발률 왕이 도망친 길기트를 '소발률'로 불렀습니다.

소발률의 산은 나무나 풀이 별로 없는 민둥산이었습니다. 거친 산에서 추위를 피하기 위해서 백성들은 털로 짠 모직물을 입고, 머리에는 면포 한 장을 썼고, 발에는 가죽신을 신었을 뿐입니다. 가난한 백성들이 단지 이곳이 전쟁의 길목이라는 이유로 전쟁에 내몰리고 있었습니다.

'불쌍한 사람들……. 그대들의 삶에 다시 평화가 깃들기를.'

혜초는 다음 목적지를 소발률의 서쪽에 위치한 간다라로 정했습니다. 간다라는 알렉산더 대왕의 인도 침략 이후, 불상이 처음으로 만들어진 곳으로 유명했습니다. 하지만 소발률의 서쪽에는 힌두쿠시 산맥이 거대한 벽처럼 가로막고 있었습니다. 혜초는 다시 남쪽의 카슈미르로 돌아와서 힌두쿠시 산맥의 산자락을 도는 긴 여행길을 선택할 수밖에 없었습니다. 혜초는 북쪽으로 한 달 이상을 걸어 중앙아시아에서 인도로 진입하는 관문인 간다라에 도착했습니다.

간다라의 백성들은 원래부터 이 지역에 살았던 서역 사람들이었지만, 왕은 돌궐 사람이었습니다. 돌궐 왕은 간다라뿐만 아니라 그 서쪽에 있는 람파카, 카피시, 자불리스탄 등의 여러 나라들을 함께 지배하면서 큰 세력을 가지고 있었습니다. 간다라의 왕은 불교를 널리 전파해서 백성들의 마음을 하나로 묶으

▶ 알렉산더 대왕 동상

알렉산더 대왕
마케도니아의 왕(기원전 356년~기원전 323년). 그리스, 페르시아, 인도에 이르는 대제국을 건설했으며, 정복지에 많은 도시를 건설해 동서 교통, 경제 발전에 기여했고, 그리스 문화와 오리엔트 문화를 융합한 헬레니즘 문화를 이룩했다.

려 했습니다. 원래 돌궐족은 페르시아의 영향을 받아 바람과 불을 존중하고 대지를 찬송하며 천지를 창조한 신을 믿는 조로아스터교도였습니다.

하지만 간다라의 왕은 달랐습니다. 그는 1년에 두 번씩 '무차대재'라는 큰 법회를 열었습니다. 온 나라의 백성들을 모아 부처님의 말씀을 전하고, 잔치를 열어 여러 물건을 나누어 주었어요. 남녀를 가리지 않았고, 가난한 사람과 부자를 구별하지 않았습니다. 간다라의 왕은 무차대재의 비용을 위해 자신이 아끼던 물건과 코끼리, 낙타와 말, 심지어 아내까지 바쳤습니다. 물론 아내와 코끼리만은 스님들께 값

> **무차대재**
> 부처님의 덕과 자비를 골고루 나누어 준다는 의미로 개최하는 법회. 승려, 일반인, 남녀노소, 신분을 가리지 않고 어떠한 차별도 없이 모든 사람이 평등하게 모임에 참석한다. 불법을 듣고 잔치를 열어 물건을 베푼다.

간다라 문명의 흔적이 남아 있는 파키스탄의 유적지.

을 매겨 치르고 다시 찾아왔죠. 무차대재는 비용이 많이 드는 큰 행사였기 때문에 원래는 5년에 한 번씩 열었고, 지역에 따라서는 1년에 한 번 정도 실시하기도 했습니다. 하지만 간다라의 돌궐 왕은 1년에 두 차례씩이나 대규모의 무차대재를 열었던 것이죠.

혜초는 북인도의 여러 나라들을 돌아본 뒤였기에 그 까닭을 짐작할 수 있었습니다. 조만간 서쪽의 대식국에서 새로운 변화의 바람이 불어올 것이기 때문입니다. 간다라의 왕은 그날이 멀지 않았음을 짐작하고 백성들의 마음을 하나로 묶으려 했던 것입니다.

탑에는 무엇이 들어 있을까?

부처님께서 돌아가신 후, 제자들은 인도의 장례법에 따라 시신을 화장하였습니다. 화장은 시신을 불에 살라 장례지내는 방법입니다. 화장한 부처님의 시신에서는 굉장히 많은 사리가 나왔습니다. 이 사리들은 여덟 나라에 나누어 탑 속에 보관했습니다. 그 뒤 아소카 왕이 인도를 통일한 후 여덟 나라에 보관되어 있던 사리들을 전국 각지에 나누어 8만 4천 개의 탑 속에 보관하게 했습니다. 하지만 부처님의 몸만큼 중요한 것이 부처님께서 가르친 말씀이었습니다. 그래서 탑 속에는 사리와 함께 불경이 들어가게 되었습니다.

용이 사는 호수

카슈미르에서 가장 큰 호수인 '불라르 호수'는 용이 살고 있다는 전설이 내려오는 곳입니다. 용은 옛날부터 카슈미르 지방의 수호신이며, 화가 나면 큰비와 눈, 우박을 내려 곡식을 해친다고 합니다. 하지만 이 용은 위대한 스님들에게는 호수 위로 음식을 계속해서 올려 보내기도 한다고 합니다.

▶ 카슈미르

▶ **혜초의 여행 경로** | 간다라 – 우디아나 – 사마라자 – 우디아나 – 간다라 – 람파카 – 카피시 – 자불리스탄 – 바미얀 – 토카리스탄 – 페르시아 – 니샤푸르

3장 실크로드의 서쪽 길 따라 이슬람 세계로

힌두쿠시 산맥의 작은 나라에서 혜초는 소중한 깨달음을 얻게 됩니다. 그리고 부처님의 말씀이 전파된 서쪽 끝을 넘어, 낯선 이슬람 세계의 문을 향해 나아갔습니다. 혜초는 대식국을 방문하면서, 그들의 군사력과 종교가 세상에 가져온 변화를 확인할 수 있었습니다.

[힌두쿠시 산맥에서 얻은 깨달음]

혜초는 금강지 스님의 과제를 풀 수 있는 실마리를 얻게 되어서 참 기뻤습니다. 왕에서 백성들까지 한마음으로 부처님의 말씀과 재물을 나누는 모습이야말로 세상의 변화를 견뎌 낼 수 있는 금강석이라고 생각했습니다. 대식국이 아무리 강하다 할지라도 간다라의 모습이 지금과 같다면, 그리 쉽게 무너지지 않을 것이라고 혜초는 생각했습니다.

광저우를 떠나온 지도 3년이 지났습니다. 혜초는 인도의 모든 나라를 둘러보았고, 세상이 변화해 가는 모습을 보면서 어떻게 해야 하는지에 대해서도 생각할 수 있었습니다. 이 정도면 금강지 스님을 만나더라도 부끄럽지 않을 것 같았습니다. 혜초는 겨울이 오기 전에 서둘러 북쪽의 파미르 고원을 넘고 싶었습니다.

혜초는 간다라에서 북쪽으로 3일을 걸어 우디아나에 도착했습니다. 산과 계곡이 연이어 있는 이곳은 생각한 것보다 훨씬 추웠습니다. 거리에는 양이 수십 마리씩 떼 지어 다니기도 했고, 낙타와 노새도 제법 많은 수가 다녔습니다. 더욱 신기한 것은 거리를 다니는 사람들의 대부분이 스님이라는 점이었습니다. 나무 배낭을 멘 것을 제외하면 혜초 자신도 이 나라 사람처럼 보일 정도였습니다.

금강석
다이아몬드. 불교에서는 영원히 변하지 않는 참된 지혜를 상징한다.

우디아나
인더스 강 상류의 펀자브 이북 수브하바스투 강 양안에 있었는데, 그 영역은 지금의 팡코라, 비자와르, 스와트, 부니르 지역을 포괄했다.

점심시간이 가까워졌는지 거리 곳곳에서 밥 냄새가 솔솔 풍기기 시작했습니다. 오랜만에 맡게 된 밥 냄새 때문인지 혜초는 갑자기 배가 고파졌습니다. 그런데 갑자기 한 여인이 나타나 혜초의 팔을 당겼습니다.

"스님, 식사하고 가세요."

혜초는 영문도 모른 채 방 안으로 이끌려 왔습니다. 맛있는 밥과 소박한 반찬이 담긴 밥상이 혜초 앞에 놓였습니다. 따뜻한 밥이 추위에 떤 혜초의 온몸을 녹여 줍니다.

"이런 대접을 해 주셔서 진심으로 감사합니다."

혜초는 따뜻한 인정을 베풀어 준 여인이 너무나 고마웠습니다.

> **공양**
> 부처님, 승려, 사찰에 공물을 바치는 것. 공물의 종류에는 재물, 의복, 음식, 이불, 약재 등이 있으며, 더 나아가 탑, 사찰, 토지 등을 바치기도 한다.

"이곳에서는 스님들께 공양하는 것이 매일의 일상사인 걸요. 대부분의 곡식을 사찰에 공양으로 바치고, 남은 양식은 스님들을 모셔 이렇게 식사로 바친답니다. 저만 그러는 것이 아니라, 임금님부터 모든 백성이 그렇게 합니다."

분명 혜초는 삼장 스님의 책에서 이곳의 불교가 옛날에는 발전했지만, 점점 힘을 잃고 있다는 기록을 보았던 터라 놀랐습니다. 혜초는 불교가 이렇게 발전하게 된 까닭을 물어보았습니다.

"스님들이 우리 백성들의 삶을 늘 보살펴 줍니다. 거리에서 보셔서 알겠지만, 우리나라는 스님의 숫자가 참 많습니다. 아마도 백성의 숫자보다 더 많을 거예요. 스님들은 백성의 집에서 식사도 하시지만, 부처님의 말씀도 전해 주시죠. 백성들이 기쁠 때 함께 즐거워하고, 백성들의 슬픔을 함께 덜어 줍니다. 또 우리가 부처님의 가르침을 기억할 수 있도록 간단한 주문도 가르쳐 주고요."

혜초는 그저 놀라울 뿐이었습니다. 헌신적인 스님들을 통해, 부처님의 가르침이 백성들의 삶 속에 깊이 스며들어 있었기 때문입니다. 혜초는 그토록 찾아 헤매었던 수수께끼의 답에 다가간 기분이었습니다.

"혹시 이곳도 대식국이나 티베트같이 힘센 나라들의 위협을 받고 있습니까?"

혜초는 착한 이 나라 사람들이 세상의 변화를 모르기 때문에 이렇게 살 수 있을지도 모른다는 의심을 했습니다.

"당연히 대식국이 우리 우디아나를 넘보고 있지요. 몇 년 전에 대식국이 인도와 서역을 공격한 뒤에 우리에게도 항복하라고 말했어요. 우리 왕은 당연히 거부했습니다. 부처님께서 이 나라를 지켜 주실 것이라고 믿고 있으니까요."

혜초의 가슴은 뛰었습니다. 세상의 빠른 변화 속에서도 이곳 백성들은 흔들리지 않고 부처님의 지혜에 의지하고 있었기 때문입니다.

혜초는 우디아나를 떠나 북쪽의 사마라자로 향했습니다. 사마라자에서 다시 북쪽으로 가면, 파미르 고원의 입구인 와칸이 있습니다. 사마라자를 향해서 걸어가는 동안 날씨는 더욱 추워졌습니다. 파미르 고원을 넘기에는 이미 늦

▶ **치트랄**
사마라자는 오늘날의 파키스탄 치트랄 근방에 있던 나라. 사진은 치트랄 지역의 모습이다.

었지만 혜초는 전혀 실망하지 않았습니다. 부처님의 뜻을 아직도 따르고 있는 우디아나 사람들을 만났으니까요.

혜초는 더 넓은 세계를 보고 싶었습니다. 어차피 파미르 고원을 넘으려면 조금 더 기다려야 했고, 최소한 삼장 스님께서 다녀오신 지역까지는 다녀오자고 결심했습니다. 혜초는 사마라자에서 발길을 돌렸습니다.

힌두쿠시 산맥

힌두쿠시 산맥은 파키스탄과 중국 사이 국경 근처의 동쪽 부분에서 파미르 고원과 만납니다. 다시 남서쪽으로 뻗어 파키스탄을 관통하고 아프가니스탄의 코이바바 산맥까지 이어집니다. 높은 봉우리들은 동쪽 지역에 모여 있는데, 가장 높은 봉우리인 티리치미르(7,690미터)를 비롯해 높이가 7천 미터 이상인 것이 24개나 됩니다.

역사적으로 이 산맥을 넘어가는 고개들은 인도 북부로 가는 군사 핵심 지역으로 중시되었습니다. 하와크 고개는 알렉산더 대왕의 인도 원정(기원전 4세기)과 티무르의 침입(14세기)에서 통로가 된 장소이며, 카이버 고개는 고대부터 민족 이동과 문화 전파의 요지였습니다.

▶ 힌두쿠시 산맥

[부처님의 말씀이 도달한 서쪽 끝]

사마라자에서 발길을 돌린 혜초는 다시 간다라로 향했습니다. 그리고 다시 서쪽으로 난 길을 따라 간다라 돌궐 왕의 지배를 받는 람파카, 카피시, 자불리스탄을 차례로 지나갔습니다. 카피시로 가는 길에는 큰 눈이 내렸습니다. 겨울이 온 것입니다. 카피시가 자랑하는 포도와 울금향은 눈 속에 파묻혀 구경조차 할 수 없었습니다. 간다라의 돌궐 왕은 여름에는 이곳 카피시에서 머물며 피서를 즐겼지만 겨울에는 따뜻한 간다라에 머물렀습니다.

자불리스탄에 들어서자 돌궐과 대식국의 전쟁이 다가오고 있음을 느낄 수 있었습니다. 대식국의 침략에 대비해서 돌궐의 군대가 훈련을 하고 있었습니다. 간다라의 돌궐 왕이 무차대재를 열어 전 지역의 불교를 발전시켰기 때문에 이들 세 나라도 모두 부처님의 법을 중심으로 백성들의 마음을 하나로 모으고자 했습니다.

▶ **울금향**
울초 또는 튤립이라고 한다. 백합과에 속하는 다년생 풀로 4~5월에 종 모양의 큰 꽃이 피며 향기가 많이 난다.

혜초는 돌궐이 지배하는 땅을 벗어나 북쪽으로 일주일을 가서 바미얀에 도착했습니다. 바미얀은 힌두쿠시 산맥의 서쪽 기슭에 있어서 겨울에는 매우 추웠습니다. 백성들은 산과 계곡에 의지해 살아가고 있었습니다. 힌두쿠시 산맥의 높은 바위와 깎아지른 계곡들은 돌궐과 대식국의 침략을 막아 주는 든든한 보루가 되었습니다. 바미얀은 대식국에 정복당하기 전까지 불교의 중심지로 발전했기 때문에 여전히 온 나라가 부처님의 말씀에 따르고 있었습니다.

바미얀 사람들은 힌두쿠시 산맥의 넓은 암벽 계곡에 오래전부터 거대한 불상들을 만들었습니다. 혜초는 그 불상들이 이 나라를 지킨 수호신처럼 생각되었습니다. 마치 고향 땅 신라의 사천왕상처럼 말입니다.

이제 혜초는 삼장 스님이 가신 서쪽 끝을 향해서 가고 있었습니다. 바로 지금의 아프가니스탄 지역인 '토카리스탄'이었습니다. 바미얀에서 북쪽으로 20일을 더 가야 하는 이곳이 부처님의 말씀이 전해진 서쪽 끝이었습니다. 혜초가 이곳을 방문했을 때는 겨울이 채 끝나지 않아 서리와 눈이 내리고 있었습니다.

삼장 스님이 왔을 때 토카리스탄은 돌궐의 지배를 받고 있었습니다. 하지만 혜초가 다시 이곳을 찾았을 때에는 대식국의 영향을 받고 있었습니다. 불과 몇 년 전에 토카리스탄은 대식국의 공격을 받아 수도인 발흐(옛 박트리아)가 함락되었고, 토카리스탄의 왕은 동쪽으로 한 달이나 걸리는 바다흐샨(포특산)으로 도망가기도 했습니다. 토카리스탄의 남부 지역과 수도가 대식국에 점령되었고, 북부 지역도 대식국의 영향을 받고 있었습니다. 하지만 대식국의 종교인 이슬람교가 널리 퍼지지 않은 것은 다행이었습니다. 백성들은 어려움 속에서도 부처님의 말씀을 따르며 삶의 희망을 찾았습니다.

'이곳 백성들의 마음은 언제까지 부처님께 머무를 수 있을까?'

대식국은 점령한 지역에 자신들의 종교인 이슬람교를 퍼뜨릴 것이 분명했습니다. 토카리스탄은 점령한 지 얼마 되지 않아서 잠시 기다리고 있을 뿐이었지요. 게다가 이곳 사람들은 고기를 즐겨 먹었습니다. 부처님은 살아 있는 생명을 죽이지 말라고 하셨는데, 고기를 즐겨 먹는 이 나라 사람들이 걱정되었습니다. 그래서 토카리스탄 백성들이 지금은 불교를 따른다 하더라도, 머지않아 이슬람교에 쉽게 빠져들 수도 있다는 불안감이 혜초에게서 떠나지 않았습니다. 부처님의 말씀이 전해진 서쪽 끝은 조금씩 흔들리고 있었습니다.

이슬람교

이슬람교는 기독교, 불교와 함께 세계 3대 종교의 하나입니다. 이슬람교는 유일신 알라(하느님)를 믿습니다. 이슬람교를 만든 이는 마호메트이며, 그는 대천사 가브리엘을 통하여 알라의 말씀을 전해 들었다고 합니다. 이슬람교 경전 『코란』은 마호메트가 전해 들은 알라의 계시를 모아서 만들었습니다.

이슬람교는 알라 앞에서 인간의 완전한 평등을 주장하며 형제애를 강조합니다. 종교와 일상생활을 연결해서 각종 사회 활동에서도 종교적 색채가 짙게 배어 있습니다. 형제애를 강조하는 만큼 공동체의 역할이 매우 크지요.

이슬람교도들을 '무슬림'이라고 합니다. 그들은 오직 알라만을 믿으며, 마호메트가 알라의 대리자임을 고백해야 합니다. 또한 신앙 고백, 하루 다섯 번의 예배, 헌금, 단식, 성지 순례의 다섯 가지 의무를 지켜야 합니다.

이슬람 건물에서 기도 시간을 알려 주는 탑인 미너렛.

[낯선 세계의 문을 열다]

혜초는 깊은 생각에 빠졌습니다.
'돌아가야 하나? 더 나아가야 하나?'

혜초 이전에 토카리스탄의 흙을 밟은 스님은 삼장 스님이 유일했습니다. 이곳이 부처님의 말씀이 전해진 서쪽 끝이었으니까요. 그 너머는 알려진 것이 거의 없었습니다. 또한 설령 더 간다 하더라도 언어가 달라서 귀머거리, 벙어리가 되어야 했습니다. 서쪽으로 더 가는 것은 너무 위험했습니다.

하지만 혜초는 동쪽이 아니라 서쪽을 선택했습니다. 혜초가 가장 소중하게 생각해 온 것은 바로 더 넓은 세계를 보는 것이었습니다. 어린 시절, 동쪽 끝에 있는 신라를 떠나 세상의 중심인 당나라로 왔습니다. 하지만 혜초의 발걸음은 당나라에서 멈추지 않았습니다. 서쪽 세상의 끝까지 혜초는 쉬지 않고 달려왔습니다. 더 넓은 세계는 더 깊은 깨달음을 혜초에게 선물로 주었습니다. 혜초는 미지의 세계를 알면 알수록 더 큰 지혜를 얻게 될 것이라 믿었습니다.

혜초는 서쪽의 페르시아로 발걸음을 옮겼습니다. 페르시아 상인들은 끝없이 이어진 모래벌판을 가로질러 장사를 하러 다닙니다. 그들과 함께 광야를 가로지르는 낙타와 당나귀들은 유난히 키도 크고 덩치도 좋습니다. 혜초가 광저우에서 만난 페르시아 상인들도 장사에 능숙했습니다. 광저우와 페르시아 사이에 직항로가 열려서, 페르시아 상인들은 질 좋은 모직 천과 보물을 싣고 광저우를 찾아왔습니다. 그들은 당나라의 비단과 종이를 사서

직항로
배나 비행기 등이 도중에 다른 항구나 공항에 머무르거나 들르지 않고 목적지까지 곧바로 갈 수 있는 길.

자기 나라로 돌아가 비싼 값에 팔았습니다. 그들은 모두 부자였지만 하인들과 똑같이 허름한 옷을 입고, 검소하게 식사를 하는 구두쇠들이었습니다.

혜초는 한 달을 걸어 옛 페르시아의 땅, 니샤푸르에 도착했습니다. 이곳의 사람들은 수염과 머리를 깎고, 헐렁한 양털 웃옷을 입고 바삐 움직였습니다. 낙타와 노새, 양과 말, 덩치 큰 당나귀들도 정신없이 이리저리 주인에게 끌려 다녔습니다. 혜초가 예상했던 대로 이곳은 부처님의 세계가 아니었습니다. 사찰도, 스님도, 부처님이 남긴 어떤 흔적도 남아 있지 않았습니다. 페르시아 사람들은 '거룩한 불'을 숭배하는 조로아스터교, 그리고 하늘의 알라를 숭배하는 이슬람교를 따랐습니다.

혜초는 혹시나 중국어를 할 수 있는 상인을 만날 수 있지 않을까 기대했습니다. 광저우에는 항상 많은 페르시아 상인이 오갔으니까

거룩한 불
조로아스터교는 빛의 신 '아후라 마즈다'를 숭배한다. 그들은 불을 아후라 마즈다의 상징이라고 생각해서 거룩하게 여긴다. 불 앞에서 기도를 했기 때문에 '배화교'로 불렸다.

▶ 비단
페르시아 상인들에게 인기가 많았던 중국의 비단

이란의 옛 왕국인 페르시아에 있었던 페르세폴리스의 유적.

요. 그런데 낯선 이곳에서 어떤 상인이 스님 복장을 한 혜초를 보고, 인도어로 말을 걸었습니다. 혜초는 그의 환한 웃음이 너무나 고마웠습니다. 혜초는 이 상인에게서 페르시아의 최근 이야기를 들을 수 있었습니다.

페르시아는 이미 대식국에게 나라를 빼앗겼다고 했습니다. 원래 대식국은 페르시아의 지배 아래서 기껏해야 페르시아 왕의 낙타를 키우는 신세였습니다. 하지만 대식국 사람들이 이슬람교를 중심으로 똘똘 뭉쳐 힘을 키운 후 어마어마한 군대를 동원해서 페르시아로 쳐들어왔습니다. 결국 대식국은 페르시아의 왕을 죽이고 페르시아의 주인이 되었습니다.

　페르시아 상인의 이야기를 들으면서 혜초는 대식국을 더 알고 싶어졌습니다. 인도와 서역을 공포에 떨게 만든 나라, 부유하고 강력했던 페르시아를 단숨에 제압한 그 나라의 모습을 가까이에서 보고 싶었습니다. 혜초는 상인에게 대식국으로 가는 길을 물었습니다. 북쪽으로 열흘! 바로 그곳에 거대한 모래바람을 불러일으킨 사막의 아들들이, 세상의 바다를 누비며 거침없는 물보라를 서서히 일으키고 있는 바다의 아들들이 살고 있다고 했습니다. 혜초는 대식국으로 걸어갔습니다.

　대식국 입구에 들어서자 마을에서 놀던 아이들이 혜초를 향해서 달려왔습니다. 머리를 깎은 낯선 사람이 나타났기 때문입니다. 아이들은 혜초를 빙 둘러싸고 쉴 새 없이 혜초에게 무슨 말을 걸었습니다. 혜초는 무슨 말인지 알아들을 수 없어서 그저 웃기만 했습니다. 혜초가 한 발짝 발을 옮길 때마다 아이들은 어지럽게 원을 그리면서 혜초를 따라다녔습니다.

　"이 녀석들, 저리 비키지 못해?"

　덩치가 크고 목소리가 우렁찬 한 남자가 아이들을 쫓았습니다. 아이들은 한쪽으로 비켜섰지만, 사라질 생각을 전혀 하지 않았습니다.

　"당신, 인도에서 왔소? 인도 사람은 아닌 것 같은데?"

　인도 말을 할 수 있는 사람이었습니다. 혜초는 낯선 대식국에서 인도어를 할 수 있는 사람을 만나서 안심이 되었습니다.

　"인도 동쪽에 있는 당나라에서 왔습니다. 태어난 곳은 그 동쪽에 있는 신라이지요. 그런데 당신은 어떻게 인도어를 할 수 있습니까?"

남자는 껄껄 웃으면서 오른손으로 가슴을 두 번 두드리며 말했습니다.

"나는 군인이었소. 여러 전쟁터를 누비며 공을 세웠지. 내가 마지막으로 공을 세운 곳이 바로 서인도의 신드였소. 그곳에서 3년을 있었기 때문에 인도어를 배울 수 있었소."

짧은 머리에 짙은 수염을 기른 이 남자가 군대와 잘 어울린다고 혜초는 생각했습니다.

"당신이 무슨 일로 여기까지 왔는지는 모르겠소만 오늘은 내 손님으로 맞이하리다. 나를 따라오시오."

혜초는 사내가 이끄는 곳으로 따라갔습니다. 어차피 대식국에서는 아는 곳도 없었고, 인도어를 할 수 있는 사람을 만난 것 자체가 큰 행운이었기 때문입니다. 사내는 혜초를 데리고 마을 사람들이 여럿 모여 있는 곳으로 데려갔습니다. 크고 하얀 건물이 있는 곳이었습니다. 혜초는 아마도 이곳이 대식국의 신을 모시는 사원일 것이라고 생각했습니다.

"승려인 당신에게는 낯설겠지만, 여기가 우리 이슬람교도들이 위대한 알라를 섬기는 곳이오. 오래 있을 것은 아니니까 너무 불편하게 생각하지 마시오. 형제들에게 당신을 소개하기 위해서 이리 데려왔소."

> **알라**
> 이슬람교의 유일신. 알라는 '하느님'이라는 뜻이다.

혜초는 이슬람교 사원에 대해서는 큰 감흥이 없었습니다. 광저우에서 이미 다양한 종교의 사원과 사제들을 충분히 접했기 때문입니다.

"이 많은 사람들이 당신의 형제입니까? 나이들이 비슷해 보이는데요?"

"하하하. 내 친형제라는 뜻은 아니오. 우리는 모두 알라의 자식들이오. 또한 저들은 나와 함께 전쟁터를 누빈 동지들이기도 하오. 그래서 형제라고 했을 뿐이오. 하지만 우리는 친형제들보다 더 의리가 좋소. 그러니 형제라고 해도 큰 무리는 없지 않겠소? 하하하."

사내는 혜초를 자신의 집으로 데려갔습니다. 혜초는 그의 가족들을 만나 두 손을 모아 합장을 했습니다.

"이곳 사람들은 모두 같은 옷을 입었군요."

혜초는 모든 사람이 하얀 옷에 가벼운 천을 겉옷으로 걸치고 있는 모습이 신기했습니다.

"우리 왕도 우리와 같은 옷을 입고 있소. 위대한 알라 앞에선 모두가 평등하기 때문이오. 그래서 우리는 같은 옷을 입고, 한 그릇에서 함께 식사를 나누고 있소."

혜초는 대식국의 힘을 느낄 수 있었습니다. 군사력보다 더 강한 대식국의 힘은 평등과 형제애를 강조하는 그들의 종교였습니다. 혜초는 대식국이 한동안 주변 세계를 호령할 것이라고 생각했습니다.

"지금 당신들의 왕은 어디에 있습니까?"

"우리의 왕은 지금 시리아에 있소. 바다 건너 서북쪽에 있는 비잔틴 제국과 싸우고 있기 때문이오. 우리는 매번 비잔틴을 공격했고 수도인 콘스탄티노플을 두 번씩이나 포위했지만 완전히 정복하지는 못했소. 우리뿐만 아니라 돌궐족도 콘스탄티노플을 공격했지만 결국은 함락시키지 못했소. 그들 역시 우리만큼 강한 나라라고 할 수 있소."

시리아
서아시아의 지중해 연안에 있는 나라.

콘스탄티노플
'이스탄불'의 옛 이름. 비잔틴 제국, 오스만 제국의 수도였다.

▶ **하기아 소피아**
비잔틴 제국의 콘스탄티노플에 세워진 교회. 이후 모스크로 이용되었다.
지금은 박물관으로 사용 중이다.

혜초는 대식국의 왕이 산다는 시리아, 그리고 시리아 서쪽의 비잔틴 제국도가 보고 싶었습니다. 하지만 서두르지 않으면 올해에도 파미르 고원을 넘을 수 없었습니다. 또한 대식국 서쪽에서는 인도어를 알아듣는 사람이 없을 것이라고 하면서 사내가 말리기도 했습니다. 혜초는 아쉬웠지만 대식국에 온 것으로 만족해야 했습니다.

저녁이 가까웠고 사내는 식사를 권했습니다. 혜초는 이곳 사람들과 함께 식사를 했습니다. 그들은 고기를 꼬치에 끼워 구워 먹는 것을 좋아했습니다. 대식국 사람들이 생명을 죽이는 것을 대수롭지 않게 여기는 듯해서, 혜초는 기분이 좋지 않았습니다.

잠자리에 들어서 혜초는 눈을 감고서 잠시 생각했습니다. 대식국 사람들은 분명 배울 점이 많은 사람들이었습니다. 하지만 그들이 주장하는 '거룩한 전쟁'은 세상의 평화를 해칠 것이 분명했습니다.

거룩한 전쟁
전쟁을 통해 이슬람교를 전파하는 것은 이슬람교도에게 종교적 의무였는데, 이를 '지하드'라고 한다.

4장 실크로드의 머나먼 동쪽 길

혜초는 길고 힘든 여행 때문에 몸도, 마음도 지쳐 갔습니다. 그래서 쉬운 바닷길을 이용해서 당나라로 돌아가고 싶은 유혹에 빠졌습니다. 하지만 어릴 적부터 자신을 이끌었던 꿈을 이루기 위해서 험난한 파미르 고원을 넘기로 결심합니다. 마침내 혜초는 실크로드 여행의 과제를 모두 해결한 뒤 실크로드의 육로를 통해 당나라로 돌아왔습니다.

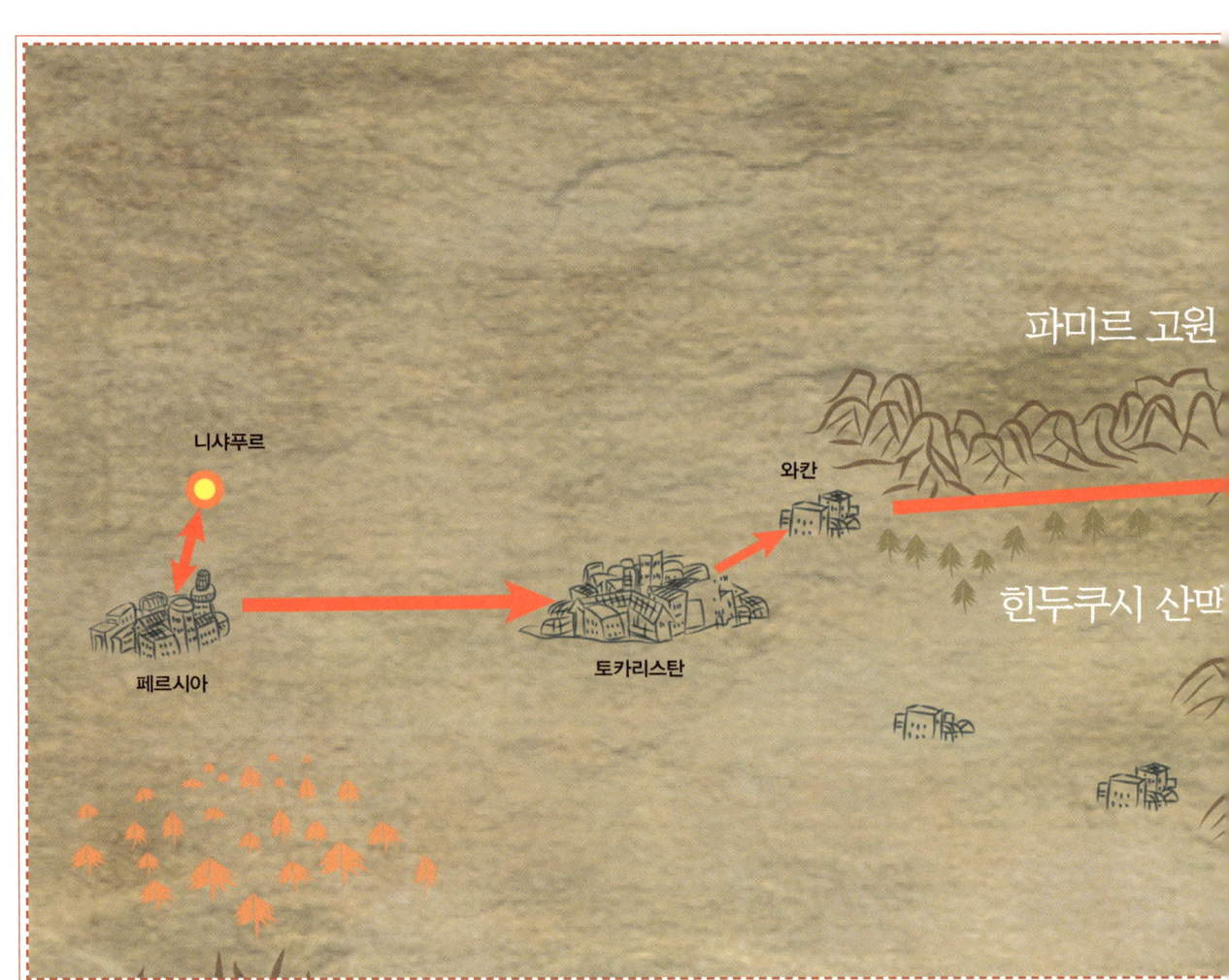

▶ **혜초의 여행 경로** | 니샤푸르 – 토카리스탄 – 와칸 – 파미르 고원 – 카슈가르 – 쿠차 – 카라샤르

[쉬운 길, 험난한 길]

혜초는 대식국을 떠나 다시 토카리스탄 방향으로 길을 잡았습니다. 파미르 고원을 넘기 위해서는 왔던 길로 다시 돌아가야 했습니다. 여름으로 접어들면서 무더위가 혜초를 괴롭혔습니다. 4년째로 접어든 긴 여행 속에서 혜초의 체력은 바닥나 있었고, 대식국 일대의 음식은 혜초의 입맛에 맞지 않았습니다. 혜초의 몸과 마음은 서서히 지쳐 갔습니다.

길에서 만난 소그드 상인들이 아니었다면, 혜초는 광야에서 쓰러졌을지도 몰랐습니다. 그들은 혜초의 길동무가 되어 주었습니다. 혜초에게 과일을 주었고, 소그드 지역의 6개 나라와 페르가나, 쿠탈의 이야기를 들려주었습니다.

페르가나
오늘날의 우즈베키스탄 페르가나 주와 타지키스탄 레니나바드 주가 이 지역에 해당한다.

쿠탈
페르가나 동쪽에 있던 나라.

대식국과 돌궐은 소그드의 6개 나라와 치열한 전쟁을 벌였고 결국 대식국이 승리를 했습니다. 토카리스탄을 정복한 대식국은 소그드의 여러 나라를 공격했고, 소그드 지역의 나라들은 당나라에 지원을 요청했지만 당나라는 거절했습니다. 결국 소그드의 6개 나라와 페르가나, 쿠탈까지 대식국의 손에 넘어가고 말았습니다. 혜초는 인도의 동북쪽 전 지역이 이미 대식국의 손에 들어갔음을 알게 되었습니다.

한번 말문이 터진 소그드 상인들의 입을 막을 수는 없었습니다. 많은 이야기 중에서 혜초의 관심을 끌었던 것은 소그드 지역의 나라들에서는 누나나 동생과도 결혼한다는 이야기였습니다. 심지어 여러 명의 형제들이 한 명의 아내

▶ 토카리스탄

토카리스탄은 중앙아시아에서 가장 긴 강인 아무다리야 강 근방에 있던 나라였다. 사진은 아무다리야 강둑의 모습이다.

와 살기도 했습니다. 이들 돌궐 국가들이 조로아스터교를 믿고 부처님의 말씀을 모른다고 해도, 이러한 풍속은 너무 고약하다고 혜초는 생각했습니다.

혜초는 소그드 상인들과 함께 토카리스탄에 도착했습니다. 소그드 상인들은 인도를 지나서 바닷길을 이용해서 사자국으로 갈 예정이었습니다. 혜초의 마음도 흔들렸습니다. 몸은 지칠 대로 지쳤고, 사막의 더위와 추위 때문에 발걸음을 떼는 것조차 힘들었습니다. 그나마 소그드 상인들의 낙타 덕에 여기까지 올 수 있었습니다. 소그드 상인들은 이런 몸으로 파미르를 넘는 것은 쉽지 않을 것이라고 충고하면서, 자신들과 함께 바닷길로 가자고 권했습니다. 혜초도 편한 길을 선택하고 싶었습니다. 하지만 혜초의 계획은 파미르 고원을 넘어 실크로드의 전 지역을 둘러보는 것이었습니다. 어릴 때부터 지금까지 혜초는 파미

사자국
인도 옆에 있는 스리랑카 섬의 옛 이름. '실론'이라고도 한다.

르 고원을 가로지르는 꿈을 꾸었습니다. 파미르 고원과 그 주변의 세계를 보지 못한다면 여행의 목적을 모두 이루지 못할 것이라 생각했습니다. 결국 혜초는 어려운 길을 선택했습니다.

며칠을 앓아누운 뒤 혜초는 자리에서 일어섰습니다. 아픈 몸 때문에 혜초는 결심을 하지 못했습니다. 너끈히 짊어질 수 있었던 나무 배낭이 천근만근의 무게로 느껴졌습니다. 혜초는 파미르 고원이 시작되는 곳인 와칸으로 발을 떼었습니다. 이미 한 번 지나왔던 길이지만 낯설기만 했습니다. 9월이었음에도 힌두쿠시 산맥에서 불어오는 바람은 겨울처럼 차가웠습니다. 몸에서는 열이 계속 나고, 온몸은 사시나무 떨듯 부들부들 떨렸습니다. 혜초는 제대로 가고 있는지조차 알 수 없었습니다.

한참을 걸어 와칸 가까이 왔을 때였습니다. 하늘을 찌를 듯 높은 산 주변에는 나무도, 물도, 풀도 없었습니다. 눈으로 덮인 산은 살아 있는 모든 것의 생

▶ **실크로드의 마드라사**
우즈베키스탄 부하라에 있는 마드라사. 마드라사는 이슬람 국가의 고등 교육 기관이었다.

명을 끊어 놓을 것 같았습니다. 그런데 떠들썩한 중국어가 들리기 시작했습니다. 정신없이 길을 가고 있던 혜초는 환청이 들리는 게 아닌가 의심했습니다. 하지만 그 소리는 대식국을 방문하기 위해서 이곳을 지나는 당나라 사절단의 소리였습니다. 그들은 혜초가 넘어야 할 파미르 고원을 지나왔습니다.

"스님, 이 몸으로 파미르 고원을 넘는 것은 불가능합니다. 길은 험하고, 골짜기에는 도적 떼가 득실거립니다. 작은 줄다리는 어찌나 무서운지 아래를 보면 절대로 건널 수 없습니다. 바람이라도 불면 다리 전체가 출렁거려 죽을 것 같지요. 돌아갈 때는 절대 파미르 고원을 넘지 않을 것입니다. 꼭 바닷길을 택할 것입니다."

혜초도 사신에게 대식국까지는 한 달 넘게 끝없는 사막을 걸어야 한다는 사실을 알려주었습니다. 불평 많은 사신은 두 번 다시 이런 임무는 맡지 않을 것이라며 일행과 함께 떠나갔습니다. 사신의 말을 들은 혜초는 바닷길로 갈 마음이 없지는 않았지만 왔던 길을 되돌아갈 자신도 없었습니다. 앞으로 나가지도 돌아가지도 못하게 된 것이죠.

'부처님, 저를 이끌어 주세요. 스승님, 저를 도와주세요.'

혜초는 모든 것을 부처님의 뜻에 맡겼습니다. 이틀 뒤 혜초는 와칸의 수도 이슈카심에 도착했습니다.

소그드 6개국

소그드 6개국은 부하라(안국), 카부단(조국), 킷쉬(사국), 타슈켄트(석국), 펜지켄트(미국), 사마르칸트(강국) 지역의 6개 나라를 말합니다. 이 지역의 상인들은 실크로드가 만들어진 후부터 서역과 중국의 무역을 주도했습니다. 8세기 이후에 아랍의 지배를 받게 되었습니다.

[파미르 고원에서 울다]

"스님, 정말 떠나실 겁니까?"

와칸의 촌장은 아픈 몸으로 떠나려는 혜초를 붙잡았습니다. 이틀 전, 혜초는 불덩이가 되어 마을 앞에 쓰러져 있었습니다.

"이 정도 쉬었으면 충분합니다. 벌써 9월도 다 지나고 있습니다. 파미르를 넘으려면 지금 떠나야 하지 않겠습니까?"

혜초 역시 자신의 몸이 약해질 대로 약해져 있는 것을 알고 있었지만 이대로 주저앉으면 영영 일어서지 못할 것 같은 생각이 들었습니다. 혜초는 죽더라도 파미르 고원에서 죽고 싶었습니다. 혜초는 이미 자신의 생명을 부처님의 뜻에 맡기기로 했습니다.

"스님, 파미르 고원에는 도적들이 들끓고 있습니다. 이곳의 북쪽 산에는 아홉 개의 '쉬그난'이라는 나라가 있는데, 각 나라마다 왕이 있지요. 이들은 늘 2~3백 명의 군사를 파미르 고원으로 보내서 상인이나 사신들의 물건을 빼앗습니다. 그들이 스님께 해를 입힐까 두렵습니다."

촌장은 쉬그난 골짜기의 도적들 이야기로 이 고집스러운 젊은 스님의 발을 묶어 두고 싶었습니다.

"제가 무슨 귀중한 물품을 가지고 있을 것처럼 보이십니까? 그저 적당히 해코지나 하다가 보내 주겠지요."

혜초는 자신을 걱정해 주는 촌장이 무척 고마웠습니다. 마침내 촌장은 혜초의 뜻을 꺾을 수 없다는 사실을 알고 조그만 가죽 주머니를 혜초의 손에 쥐

어 주었습니다.

"여기 사람들이 즐겨 먹는 보릿가루입니다. 이곳은 곡식이 잘 자라지 않아서 드릴 것이 별로 없습니다. 그리고 이 양털 가죽은 스님께 꼭 필요할 것입니다. 가지고 가십시오. 부디 꼭 살아서 당나라로 가시기 바랍니다."

혜초는 촌장의 따뜻한 마음을 가슴에 품고 다시 길을 떠났습니다. 파미르 고원으로 오르는 산의 입구에서 혜초는 할 말을 잃어버렸습니다. 파미르 고원을 둘러싼 거대한 산들은 감히 인간의 발걸음을 허용하지 않을 것 같았습니다. 세상에서 가장 높다는 힌두쿠시 산맥, 카라코람 산맥, 히말라야 산맥, 쿤룬 산맥, 톈산 산맥으로 둘러싸인 곳, 그곳이 바로 파미르 고원이었습니다.

▶ **쿤룬 산맥**
중국 서부를 가로질러 뻗어 있는 아시아에서 가장 긴 산맥

어떤 험한 일 앞에서도 눈물을 보인 적 없었던 혜초였지만 그 위용에 하염없이 눈물이 흘렀습니다. 그저 한없이 두려울 뿐이었습니다. 혜초는 파미르 고원 앞에서 한 편의 시를 지었습니다.

차디찬 눈이 얼음까지 끌어 모으고
찬바람은 땅이 갈라지도록 매섭게 부는구나.
망망대해는 얼어붙어 단을 깔아 놓은 것 같고
강물은 미친 듯이 벼랑을 갉아먹는다.
용문엔 폭포수마저 얼어 끊겼고
우물 테두리는 뱀이 도사린 것처럼 얼어붙었도다.
불을 벗 삼아 조금씩 오르며 노래로 위안을 삼지만
저 파미르 고원을 넘을 수 있을는지.

혜초는 10여 일 동안 파미르 고원의 정상을 향해서 걸었습니다. 이제 겨우 10월이었음에도 추위는 뼛속까지 파고들었습니다. 손발은 동상으로 얼어붙고 나무 배낭은 거대한 돌덩어리처럼 무겁게 느껴졌습니다. 숨은 가쁘고, 눈앞도 흐려져 좁은 길을 엉금엉금 기어가다시피 했습니다. 정상에 오르니 파미르 고원의 넓은 평원이 나타났습니다. 눈으로 덮인 벌판은 끝이 보이지 않을 만큼 넓게 펼쳐져 있었습니다.

혜초는 아무 생각 없이 오직 앞을 향해서만 걸었습니다. 어느새 밤이 되고 하늘의 둥그런 달이 길을 안내해 주었습니다. 별빛도 눈밭에 반사되어 길을 밝혀 주었습니다. 하지만 혜초의 정신은 흐릿해지고 있었습니다. 한 발자국, 또 한 발자국, 눈길을 걷는 속도도 조금씩 느려졌습니다. 결국 혜초는 눈밭 위로 쓰러졌습니다.

'더 이상은 가지 못하겠습니다. 스승님……'

얼마나 긴 시간이 흘렀는지 알 수 없었습니다.

'혜초야, 혜초야.'

어디에선가 스승님의 목소리가 들리는 것 같았습니다. 혜초는 그 소리가 어디에서 들리는지 찾으려 했습니다. 하지만 아무리 두리번거려도 보이는 것이 없었습니다. 혜초는 의식을 잃고 깨어나지 못하고 있었습니다.

'여기가 어디지? 내가 어디에 있는 거지? 분명 스승님의 목소리를 들었는데?'

혜초는 순간 자신이 왜 파미르 고원 한가운데에 쓰러져 있는지 알게 되었습니다.

'그래, 나는 아픈 몸을 끌고 파미르 고원을 건너고 있었지. 아! 눈 속에 묻힌 나를 위해 스승님께서 불러 주셨구나.'

혜초는 눈 속에 파묻힌 몸을 일으켜 세웠습니다. 그리고 아침 햇살이 가득한 파미르 고원을 둘러보았습니다. 하늘을 찌를 듯 높은 산들이 사방을 두르고 있고, 곳곳에 커다란 바위가 있는 들판이 끝없이 펼쳐져 있었습니다.

'이 장면, 전혀 낯설지가 않아!'

하염없는 눈물이 흘렀습니다. 어릴 적 꿈에서 보았던 바로 그 파미르 고원의 모습이었습니다. 그 모습이 눈앞에 선명하게 펼쳐져 있었습니다.

'감사합니다. 정말 감사합니다.'

혜초는 자신을 파미르 고원의 한가운데로 불러 주신 부처님께 감사했습니다. 혜초의 가슴은 무엇과도 바꿀 수 없는 깊은 환희로 가득 찼습니다.

쉬그난의 도적들

파미르 고원의 큰 골짜기를 따라 여러 쉬그난 사람들이 동굴에 거주하며 살았습니다. 나라의 넓이는 2천 리나 되었지만, 너무나 추운 날씨 때문에 땅에서 곡식이 나지 않았습니다. 그래서 각 골짜기의 왕들은 부하들을 파미르 고원으로 보내 부유한 서역 상인들이나 사신들의 물건을 빼앗아 오도록 했습니다. 그렇지만 약탈한 비단으로 자신들의 옷을 지어 입지는 않으며, 창고에 그대로 쌓아 뒀다가 다른 용도로 사용했다고 합니다.

▶ **톈산 산맥**
중앙아시아에 있는 거대한 산계로 중국 서부 가장자리에 있다.

[당나라로 돌아오는 길]

혜초의 발걸음은 가벼웠습니다. 바위산은 벗이 되어 주었고, 바람 소리와 눈 밟는 소리는 노래가 되어 주었습니다. 파미르 고원의 넓은 눈밭은 힘든 고행의 길이 아니라, 즐거운 여행길로 바뀌었습니다. 혜초는 파미르의 아름다움을 온몸으로 느끼고 가슴속에 새겼습니다.

파미르 고원을 지나 마침내 당나라 땅에 도착했습니다. 당나라의 최전방인 안서 4진이 있는 곳이었습니다. 당나라는 투르크, 티베트, 대식국과 영토 다툼을 하면서, 파미르 고원 동쪽 네 곳에 군대를 주둔시켰습니다. 그곳이 바로 카슈가르(소륵국), 쿠차(구자국), 호탄(우기국), 카라샤르(언기국)였습니다. 혜초는 그 첫 번째 지역인 카슈가르에 도착했습니다.

카슈가르
중국 신장웨이우얼 자치구 서쪽에 있는 도시. 톈산 남로의 요충지이다.

혜초가 카슈가르에 도착해서 받은 첫인상은 사람들의 동작이 굉장히 빠르다는 점이었습니다. 당나라의 최전선답게 군인들의 사기는 높았고, 절도 있고 신속하게 이곳저곳을 누비고 다녔습니다. 백성들도 몇 차례나 티베트에게 함락된 경험 때문인지 긴장이 몸에 배어 있었습니다.

혜초는 카슈가르에서 동쪽으로 한 달을 걸어서 쿠차에 도착했습니다. 727년 11월이었습니다. 723년에 광저우에서 배를 탄 이후로 4년이 훌쩍 지났습니다. 쿠차 성내로 들어서자마자 요란스러운 음악이 들렸습니다. 한쪽에서는 사자탈을 쓴 여러 마리의 사자들이 재미있는 춤을 추고 있었습니다. 다른 한 곳에서는 무희들이 북장단과 악기 소리에 맞춰 빙글빙글 춤을 추고요. 무희들은 두 소매를 펼쳐 들고 쉬지 않고 돌기도 하고, 작은 공 위에 두 발을 얹고 떨어질 듯 말 듯 아슬아슬한 묘기를 펼쳤습니다. 혜초는 구경꾼들의 환호를 들으며 안서 4진을 지휘하는 총사령부가 있는 쿠차 성내를 거닐었습니다.

혜초는 안서 4진의 절도사 조군을 만나 파미르 고원 서쪽에서 일어나고 있는 여러 변화를 말해 주었습니다. 조군은 인도 서북쪽의 대식국과 돌궐의 상황이나 동북쪽의 티베트의 움직임 등에 큰 관심을 보였습니다. 그는 안서 4진을 계속 위협하고 있는 티베트에 특히 관심이 많았지만, 혜초는 티베트에 대해서는 많은 얘기를 들려줄 수 없었습니다. 티베트에 직접 가지 못했으며, 티베트의 지배 아래에 있는 나라를 둘러보지도 못했기 때문입니다. 혜초는 티베트보다는 대식국의 활동을 눈여겨봐야 한다고 당부했습니다. 혜초는 조만간 당나라와 대식국이 큰 전쟁을 벌이지 않을까 생각했습니다. 물론 혜초는 전쟁이 일어나지 않는 평화로운 세상을 꿈꾸고 있었죠.

> **조군**
> 본명은 조이정으로, 혜초가 이곳에 왔을 때 절도사 업무를 맡았다. 727년 티베트와 돌궐의 연합군이 안서 4진을 공격했을 때, 이를 격퇴했다.

절도사 조군은 혜초에게 쿠차의 유명한 사찰들을 소개해 주었습니다. 여러 훌륭한 사찰을 둘러본 뒤 혜초는 마지막으로 '대운사'라는 사찰에서 장안에서 활동했던 스님들을 만나게 되었습니다. 혜초는 이 스님들에게서 금강지 스님의 소식을 들을 수 있지 않을까 기대했습니다.

"현재 금강지 스님은 장안의 천복사에 계십니다. 황제부터 백성들까지 모두 금강지 스님의 도움을 받고자 야단들이지요."

대운사 주지 스님인 수행 스님께서 스승님의 최근 소식을 들려주었습니다. 혜초는 한시라도 빨리 장안으로 돌아가서 금강지 스님을 뵙고 싶었습니다. 어떻게 하면 가장 빨리 갈 수 있는지 물었습니다.

"톈산 북로를 따라 곧장 가시면 됩니다. 안서 4진이 있는 카라샤르를 지나면 장안으로 가는 큰 길은 오직 하나뿐입니다. 어차피 스님께서는 타클라마칸 사막을 넘어 톈산 남로로 가시지는 않을 테니까요."

타클라마칸은 '죽음의 사막'이라는 뜻을 가지고 있습니다. 겨울에는 너무 춥고, 여름에는 너무 더워서 살아서 그 사막을 빠져나오기가 어려웠기 때문입니다. 당나라에서 서쪽 세계로 가려면 타클라마칸 사막을 가운데 두고 두 갈래의 길이 있었습니다. 그 길이 톈산 산맥의 남북쪽으로 나 있었죠. 톈산 북쪽 길의 가장 중요한 지역이 이곳 쿠차였고, 톈산 남쪽 길의 가장 중요한 지역이 안서 4진의 하나인 호탄이었습니다. 혜초의 계획대로라면 안서 4진 중 하나인

▶ 카슈가르의 시장

시장에 수레를 끌고 오는 당나귀들. 장날이면 카슈가르 주민들은 시장에서 동물, 모자, 그릇, 과일 등을 판다.

호탄은 방문할 수가 없었습니다. 혜초는 쿠차의 스님들께 호탄의 이야기를 듣는 것으로 만족했습니다.

혜초는 안서 4진의 마지막 지역인 카라샤르에 도착했습니다. 카슈가르와 쿠차에서 보았던 것처럼 많은 당나라 군사가 머물고 있었습니다. 카라샤르의 사찰을 둘러본 뒤 혜초는 장안을 향해 빠르게 걸었습니다.

혜초의 머릿속에는 지난 4년 동안의 여행의 많은 장면이 지나갔습니다. 당나라 밖에도 넓은 세계가 펼쳐져 있었고, 새로운 변화들이 쉴 새 없이 펼쳐지고 있었습니다. 세상의 변화는 많은 백성을 고통으로 내몰기도 했고, 그럼에도 백성들은 당당하게 삶을 이어 가기도 했습니다. 혜초는 장안으로 돌아오는 길에 머릿속에서 맴도는 수많은 이야기들을 어떻게 펼쳐 낼 것인지 곰곰이 생각했습니다. 금강지 스님께서 내신 과제와 함께 말이죠.

카라코람 산맥

카라코람 산맥은 아프가니스탄 동쪽 끝에서 인도의 잠무카슈미르까지 약 480킬로미터에 걸쳐 남동 방향으로 뻗어 있는 중앙아시아의 거대한 산계입니다. 세계에서 가장 높은 산계의 하나로 평균 고도가 약 6,100미터이며 7,900미터가 넘는 봉우리가 네 개나 있습니다. 독립국가연합·중국·파키스탄·아프가니스탄·인도의 국경이 모두 이 산계에서 가장 높은 산들에 모여 있습니다.

▶ 카라코람 산맥

▶ **혜초의 여행 경로** | <u>카라샤르</u> – (둔황) – (란저우) – <u>장안</u>

5장 세계를 매혹한 혜초의 꿈

혜초는 자신이 경험한 세상의 변화를 『왕오천축국전』에 담아서 많은 사람에게 알렸습니다. 그 후 부처님의 참된 지혜를 전하기 위해서 경전을 번역하고, 백성들을 위해 하늘에서 비를 부르기도 했습니다. 여러 번의 혼란을 겪으면서 혜초의 이름은 잊혔지만, 둔황에서 『왕오천축국전』이 발견되면서 혜초의 꿈은 전 세계인의 마음을 사로잡았습니다.

[『왕오천축국전』의 탄생]

혜초는 당나라의 수도 장안으로 돌아와 그리운 금강지 스님과 동료 스님들을 만났습니다. 함께 나누고 싶은 이야기들이 많았습니다. 하지만 혜초는 스승님께 잠시만 조용한 곳에서 떨어져 있고 싶다고 부탁을 드렸습니다.

"스승님께서 저에게 주신 두 가지 과제를 정리하고 싶습니다. 지난 4년의 시간 속에서 제가 보고 들은 것, 배우고 느낀 것을 작은 책으로 정리해서 스승님과 동료들에게 바치고 싶습니다."

혜초는 천복사의 자그마한 암자에 틀어박혀서 책을 썼습니다. 혜초는 법현 스님, 삼장 스님, 의정 스님의 글과 다른 내용을 담고 싶었습니다. 세 스님의 책은 인도와 부처님, 불교 공부 이야기를 주로 소개했습니다. 혜초는 세 스님께서 이미 말씀하신 불교에 관한 이야기는 최대한 줄이고, 당나라 밖의 세계가 빠르게 변화하고 있는 내용을 강조했습니다.

혜초는 여러 나라가 겪고 있는 일을 통해 부처님의 참된 지혜를 지킬 수 있는 방법을 보여주고자 했습니다. 나라의 지도자들이 부처님의 말씀을 존중하고 스님들이 백성들의 아픔과 기쁨을 함께 나누는 나라에서는 어떤 위기가 닥치더라도 백성들이 부처님의 말씀을 떠나지 않았기 때문입니다. 그리고 혜초는 긴 여행 과정에서의 감정을 담은 시를 여러 편 적었습니다.

혜초는 이 글을 모아 세 권의 책으로 만들었습니다. 그리고 책의 이름을 『왕오천축국전』이라고 지었습니다. '인도의 다섯 지역을 여행한 이야기'라는 뜻입니다. 혜초는 『왕오천축국전』을 금강지 스님께 바쳤습니다. 금강지 스님은 이

『왕오천축국전』의 일부분.

책에 무척 만족하셨습니다. 자신이 과제로 남겼던 모든 내용을 담고 있었을 뿐만 아니라, 사랑스러운 제자인 혜초가 훌륭히 성장했음을 알 수 있었기 때문입니다. 금강지 스님은 다른 제자들에게도 『왕오천축국전』을 읽도록 권했습니다. 여러 스님도 『왕오천축국전』을 통해 당나라 밖의 넓은 세계를 경험하고, 세상의 변화를 생생하게 알 수 있었습니다. 그리고 혜초가 고난과 두려움을 뚫고 부처님의 참된 지혜를 깨달아 가는 과정을 통해, 자신의 수행을 다시 돌아보는 계기로 삼았습니다. 혜초의 여행은 장안을 넘어 당나라 사람들을 매혹했습니다.

혜초가 장안으로 돌아온 지 5년이 되었습니다. 733년의 새해 첫 날, 천복사의 모든 스님이 함께 모여 앉은 자리에서 금강지 스님은 혜초에게 새로운 과제를 주었습니다.

"내가 당나라로 들어올 때, 많은 경전을 배에 싣고 오다가 풍랑을 만나서 소중한 경전들을 잃어버리고 말았다. 다시 인도의 경전을 얻기 위해서 애쓰던 중 사자국에서 중요한 경전을 얻게 되었으니, 바로 『대교왕경』이다. 이 경전은 옛 밀교와 새로운 밀교를 잇는 다리의 역할을 하는 소중한 경전이다. '누가 이 경전의 연구와 번역을 맡을 수 있겠는가'를 두고 생각해 보았다. 그 적임자는 바로 혜초이다."

혜초는 이 중요한 일을 맡은 것이 너무나 기뻤습니다. 옛 밀교와 새로운 밀교에 두루 능통한 사람, 백성들을 구제하고 깨달음을 얻는 일에 함께 힘쓸 수 있는 사람, 인도어와 중국어 모두에 능숙한 사람이 맡을 수 있는 책임이었기 때문입니다.

혜초는 8년 동안 금강지 스님의 곁에서 『대교왕경』을 연구하는 일에 최선을 다했습니다. 740년에 금강지 스님과 혜초는 함께 『대교왕경』의 본격적인 번역에 들어갔습니다. 금강지 스님이 인도어 경전을 읽고 그 뜻을 말하면, 혜초는 이를 받아 적으며 정리하였습니다. 경전을 번역하는 어려운 작업이 매일 반복되었지만 혜초는 금강지 스님과 함께 하는 이 시간이 행복했습니다. 하지만 741년 금강지 스님이 번역을 다 끝내지 못하고, 결국 삶 저편의 고요한 세계로 떠났습니다. 입적하시기 전에 금강지 스님은 유언을 남겼습

입적
죽음을 뜻하는 불교 용어로 스님의 죽음을 표현하는 말. 고통의 세계를 떠나 완전한 고요함으로 들어갔다는 뜻이다.

니다.

"나는 당나라로 건너온 후 부처님의 참된 지혜를 전하고자 노력했다. 하지만 황제를 비롯한 백성들은 밀교의 신통력에만 관심이 있을 뿐이었다. 나의 제자들아, 너희는 밀교의 훌륭한 경전들을 백성들에게 널리 전해 내 뜻을 꼭 이루어 주기 바란다."

혜초는 영혼의 아버지를 잃고 큰 슬픔에 빠졌습니다. 하지만 금강지 스님께서 남기신 유언을 받들어, 부처님의 참된 지혜를 백성들에게 전하는 일에 앞장설 것을 다짐했습니다.

『대교왕경』은 어떤 경전일까?

『대교왕경』은 원래 『대승유가금강성해만수실리천비천발대교왕경』이라는 긴 이름을 가지고 있습니다. 이 경전의 주요 내용은 비로자나 부처님이 옛날에 문수보살을 스승으로 삼아 참된 지혜를 수행하였음을 설교한 것이라고 합니다. 이 경전은 옛 밀교와 새로운 밀교의 성격을 보여주는 내용이 함께 들어 있습니다. 그래서 신통력을 중시했던 옛날 밀교에서 참된 깨달음을 강조하는 새로운 밀교로 넘어가는 과정을 잘 보여주는 경전입니다. 혜초 스님은 이 경전의 머리말을 썼습니다.

[비를 부르고, 지혜를 남기고!]

금강지 스님께서 입적하신 뒤에 불공 스님이 그 뒤를 이었습니다. 불공 스님은 인도 출신으로 어릴 적에 금강지 스님과 함께 당나라로 와서 밀교를 전했고, 금강지 스님의 가장 뛰어난 제자로 인정받았습니다. 혜초와 불공 스님은 비슷한 나이였지만, 혜초는 불공 스님의 뛰어난 능력을 인정했고 불공 스님을 스승으로 모셨습니다.

불공 스님은 금강지 스님의 유언을 받들어, 경전 번역 사업이 중요하다고 생각했습니다. 불공 스님은 금강지 스님이 입적한 뒤 여러 제자들을 데리고 사자국으로 갔습니다.

혜초는 불공 스님을 따라 사자국에 가지 않았습니다. 그는 불공 스님이 계시지 않은 당나라에 남아 백성들에게 부처님의 지혜를 전하는 일을 했습니다. 또한 『대교왕경』의 연구에 힘을 쏟았습니다.

불공 스님은 5년 동안 사자국과 인도를 돌아다니면서 밀교의 비법과 경전들을 모아서 장안으로 다시 돌아왔습니다. 인도에서 불공 스님의 가르침을 받았던 많은 제자들이 불경 번역 사업에 큰 힘이 되었습니다. 하지만 『대교왕경』의 번역 임무는 여전히 혜초 스님에게 맡겼습니다.

755년에 당나라에 큰 반란이 일어났습니다. 지방의 절도사였던 안녹산이 반란을 일으켜, 다

> **절도사**
> 당나라의 국경을 방어하는 군사 장관의 명칭. 당시 국경에는 절도사들이 있었는데, 이민족 장군을 많이 기용했다.
>
> **안녹산**
> 이란계 돌궐족의 후예. 755년에 안녹산의 난을 일으켰으며, 이듬해 스스로 황제임을 선포하고 당나라를 멸망시키려고 했다. 757년 아들에게 살해됐다.

음 해 수도 장안을 함락시켰습니다. 황제와 많은 신하들이 모두 피난을 떠났지만, 불공 스님과 혜초는 반란군만 남아 있는 장안에 그대로 남았습니다. 그리고 반란군을 물리쳐 달라는 기도를 부처님께 드리면서 당나라의 평화를 기원했습니다. 결국 763년에 반란은 끝이 났고, 불공 스님과 혜초는 당나라 황제의 절대적인 지지를 얻게 되었습니다. 불공 스님과 그 제자들은 나라의 평안을 위한 기도를 계속해서 맡게 되었고, 부처님의 지혜를 전할 수 있는 많은 기회를 얻을 수 있었습니다.

혜초는 불공 스님의 수많은 제자 중에 매우 뛰어난 제자였습니다. 혜초는 경전 번역에서도 실력을 인정받았지만, 나라에 어려운 일이 있을 때마다 이를 해결하는 탁월한 능력을 가지고 있었습니다. 774년 1월에 당나라 황제는 신하를 보내 혜초 스님께 기우제를 맡아 줄 것을 특별히 부탁했습니다. 가뭄이 계속되어 농사는 엉망이 되었고, 백성들은 고통 속에 허덕였기 때문입니다.

2월에 혜초는 장안에서 80킬로미터 떨어진 옥녀담에 제단을 설치해서 기우제를 드렸고, 그 후 많은 비가 내려 마른 대지를 적셔 주었습니다. 혜초는 황제에게 글을 올렸습니다.

"저의 능력이 하늘에 통했기 때문에 비가 내린 것이 아닙니다. 황제 폐하의 덕이 하늘을 움직였기 때문입니다."

황제도 혜초의 능력과 겸손함에 매우 만족해했으며, 감사의 글을 보냈습니다.

그해 5월에 두 번째 스승이었던 불공 스님이 입적했습니다. 혜초가 불공 스님의 도움을 받아 『대교왕경』 번역의 마무리 작업을 하고 있을 때였습니다. 불공 스님은 유언장에 여섯 명의 제자를 특별히 지목하면서, 이들에게 이후의 일을 부탁했습니다. 혜초는 두 번째 제자로 선택받았습니다.

이미 70대에 들어선 혜초는 다른 어떤 일보다 『대교왕경』의 번역을 끝내고 싶었습니다. 금강지 스님과의 추억이 깃든 경전이었고, 불공 스님이 마지막 순간까지 부탁했던 중요한 경전이었습니다. 혜초는 세상의 빠른 변화 속에서도 백성들이 부처님의 참된 지혜를 누리게 하고 싶었습니다. 비를 부르고 병을 고치는 것도 백성들의 고통을 해결할 수 있는 한 방법입니다. 하지만 신통력을 발휘하더라도 그것은 단지 한순간에 불과했습니다. 더욱 중요한 것은 백성들이 부처님의 말씀과 함께 살아가는 것이었습니다. 백성들의 삶 속에서 살아 움직이는 부처님의 말씀을 남기는 것이 혜초의 마지막 과제였습니다.

780년 4월, 77세가 된 혜초 스님은 당나라 오대산의 작은 암자인 건원보리사로 갔습니다. 자신의 죽음이 얼마 남지 않았음을 알고 있었기 때문입니다. 혜초 스님은 마지막 힘을 다해서 48년 동안 헌신한 『대교왕경』의 번역을 마무리 지었습니다. 경전의 번역 과정을 담은 머리말도 그 옆에 잘 정리해 두었습니다. 그리고 경전의 번역본을 마지막 순간까지 검토했습니다. 모든 것이 잘 끝났습니다.

혜초 스님은 조용히 눈을 감았습니다. 평생 가슴에 품어 두었던 파미르 고원의 눈밭이 떠오릅니다. 평화롭고 아름다운 그 세계로 혜초 스님은 떠나갔습니다.

💡 불공 스님의 6대 제자

불공 스님이 유언장에서 지명한 여섯 명의 제자들은 모두 밀교의 중요한 인물이 되었습니다. 첫 번째로 지명한 함광 스님은 인도 출신으로 불공 스님을 따라 인도에서 경전을 구해 왔으며, 불공 스님의 많은 신뢰를 받았던 인물입니다. 혜초 스님 다음으로 이름이 오른 혜과 스님은 중국 밀교를 집대성한 스님이 되었습니다. 그 다음으로 지목된 혜랑 스님은 여러 중요한 밀교 행사를 주관하였으며, 불공 스님의 책에 가장 많은 글을 남긴 제자였습니다. 혜초 스님은 두 번째로 지명되었는데, 이를 통해 혜초 스님이 중국 밀교에서 얼마나 중요한 위치를 차지했는지 확인할 수 있습니다.

[실크로드에서 다시 깨어난 혜초]

907년 당나라가 멸망한 후, 중국은 여러 번의 혼란기를 맞이했습니다. 혜초 스님의 이름도, 세 권의 『왕오천축국전』도 세월의 먼지 속에 묻혔고, 세상 사람들의 기억 속에서 사라졌습니다. 다만 혜림 스님이 쓴 불교 용어 사전인 『일체경음의』라는 책에 『왕오천축국전』에서 나온 어려운 낱말들이 소개되어 있는 정도였습니다. 혜림 스님은 불공 스님의 제자였는데, 대선배였던 혜초 스님의 『왕오천축국전』을 자신의 책에 간단하게 소개했습니다.

당나라가 멸망하고 천 년이 지났습니다. 1908년 둔황의 한 석굴에서 젊은 프랑스 학자가 희미한 램프 불빛을 비추며, 각종 두루마리 문서들을 살펴보고 있었습니다. 둔황 석굴은 혜초 스님이 안서 4진을 지나서 당나라로 들어올 때 지나갔던 길목에 있었습니다. 석굴 안에는 2미터 정도의 두루마리들이 잔뜩 쌓여 있었고, 이 학자가 이미 살펴본 두루마리들은 한쪽 옆으로 치워져 있었습니다.

'이것도 내가 찾는 중요한 문서가 아냐. 영국의 스타인이 중요한 문서들을 다 가져가지 않았어야 하는데……. 그나마 스타인이 중국어도 전혀 할 수 없고, 한문도 모르는 것에 기대할 수밖에 없어.'

석굴 안에서 문서를 찾는 사람은 프랑스 학자 펠리오였습니다. 1907년 그는 중국 신장 성의 우루무치를 답사하고 있던 중, 영국의 스타인이 둔황 석굴에서 중요한 중국 문서 스무 상자와 그림·공예품 다섯 상자를 헐값에 샀다는 이야기를 듣게 되었습니다. 중국 역사를 연구하던 펠리오도 서둘러 둔황 석굴로 갔습니다. 펠리오는 둔황 석굴의 주지인 왕위안루(왕원록)에게 비밀 동굴을 발견하게 된 사연을 들었습니다.

"1900년에 내가 둔황의 열여섯 번째 석굴 벽에서 이상한 흔적을 발견했어요. 벽의 모래를 털어서 긁어내자 진흙으로 바른 문이 나타나더군요. 문을 열고 들어가니까, 가로, 세로, 높이가 모두 3미터쯤 되는 비밀 동굴이 있는 거예요. 그 안에는 엄청난 문서가 가득 쌓여 있었죠."

왕위안루는 새로운 고객을 만난 듯이 즐겁게 떠들었습니다. 그는 이미 영국의 탐험가인 스타인에게 헐값으로 많은 문서를 팔았습니다. 그는 프랑스의 새로운 고객이 고문서들을 사 주기를 바랐습니다.

펠리오는 한문에 능숙한 학자였기 때문에 스타인과는 달리 문서 하나하나를 꼼꼼하게 살펴보면서 가치 있는 문서를 골라내고 있었습니다. 펠리오가 이번에 펼친 문서는 책 이름도, 저자 이름도 떨어져 나간 문서였습니다. 큰 기대

▶ 둔황 석굴

없이 글을 읽던 펠리오의 눈이 갑자기 커졌습니다.

"'각멸'(크메르의 한자어)…… '곤륜'(말레이 반도의 한자어)…… '사율'(자불리스탄의 한자어)……. 이 단어들은!"

펠리오는 눈을 허공에 둔 채 자신의 기억을 더듬었습니다.

"맞아!『일체경음의』에서 봤던 단어들이야! 혜초의『왕오천축국전』에서 옮겨 적었다고 했던 바로 그 단어들!"

놀라운 기억력의 소유자였던 펠리오는 4년 전에 보았던『일체경음의』의 내용을 떠올렸습니다. 혜초의『왕오천축국전』이 8세기 전반의 승려가 당나라에서 바닷길로 인도를 간 후 거기서 투르키스탄을 거쳐 다시 당나라로 돌아온 기록이라는 사실을 펠리오는 이미 알고 있었습니다. 그때까지 8세기 전반의 인도와 서역을 기록하고 있는 문서는 한 편도 발견되지 않았습니다. 펠리오가 놀라운 보물을 찾아낸 것입니다.

오공
혜초보다 30년쯤 뒤인 750년에 인도로 가서, 790년에 다시 당나라로 귀국했다. 『오공입축기』라는 책을 써서, 자신의 여행을 간략하게 기록했다.

"나는 의정 스님과 오공 스님 사이에 놓일 실크로드의 새로운 여행자를 찾아낸 거야! 비록 문서의 앞부분은 잘려 나갔지만, 이 책은 틀림없는 혜초의 『왕오천축국전』이야!"

펠리오는 『왕오천축국전』을 비롯해 6~10세기의 중요한 문서를 헐값에 사들여서 프랑스로 보냈습니다. 그리고 같은 해에 논문을 발표하여 자신이 발견한 문서가 혜초의 『왕오천축국전』임을 전 세계에 알렸습니다.

1909년 둔황 석굴의 문서가 공개된 후, 중국의 사학자 뤄전위가 펠리오의 주장에 동의하였습니다. 뤄전위는 펠리오가 제시한 사진에다 해설을 붙여서 『왕오천축국전』을 출판했습니다. 그는 펠리오가 발견한 문서를 설명하면서, 원래 세 권이었던 『왕오천축국전』 원본을 227줄로 줄여서 베낀 것이라고 결론을 내렸습니다.

그런데 세계의 많은 학자들은 『왕오천축국전』의 저자 혜초를 당연히 당나라 사람으로 생각하고 있었습니다. 하지만 1915년 일본인 학자 다카쿠스 준지로가 불공 스님의 유언장을 근거로 혜초 스님이 신라인임을 밝혀냈습니다. 불공 스님의 유언장에는 '신라인 혜초'라는 글자가 선명하게 기록되어 있었기 때문이죠.

1938년에는 푹스가 『726년경 서북 인도와 중앙아시아를 통과한 혜초의 순례 여행기』라는 제목으로 독일어 번역서를 출판하였습니다. 1971년에는 일본어 번역서가 나왔으며, 1984년에는 한국과 캐나다의 여러 학자들이 참여해서 『혜초의 여행기: 인도의 다섯 지역에 대한 순례기』라는 제목으로 영어 번역서를 출판했습니다.

전 세계가 혜초 스님의 이야기에 매혹되었습니다. 그 결과, 혜초 스님의 『왕오천축국전』은 마르코 폴로의 『동방견문록』, 이븐 바투타의 『이븐 바투타 여행기』, 오도릭의 『동유기』와 함께 세계 4대 여행기로 인정받았습니다. 혜초의 꿈은 실크로드에서 다시 깨어나 세계인의 가슴속에서 살아 숨 쉬게 되었습니다.

> **동유기**
> 이탈리아 수도사였던 오도릭의 여행기. 오도릭은 14세기 초 유럽에서 출발해서 중국에서 선교를 한 후 귀국했다.

『왕오천축국전』 발견은 놀라운 사건

『왕오천축국전』은 일찌감치 사라져, 혜림 스님의 『일체경음의』에만 간단하게 소개되어 있었습니다. 하지만 『일체경음의』도 여러 혼란기를 겪으면서 중국에서는 모두 사라지게 되었습니다. 오직 우리나라 해인사에 보관되어 있는 고려대장경(팔만대장경)에만 『일체경음의』가 남아서, 그 내용을 후대까지 전할 수 있었습니다. 그 후 고려대장경의 인쇄본이 조선 시대에 일본으로 전해지게 되었는데, 19세기 말 일본의 불교 신자들이 이 인쇄본을 다시 간행합니다. 둔황을 방문하기 몇 해 전, 펠리오는 일본에서 간행한 『일체경음의』를 손에 넣어서 읽게 됩니다. 이를 통해 혜초의 『왕오천축국전』의 존재에 대해서도 알게 되었죠. 그리고 마침내, 펠리오는 1908년 둔황 장경동의 문서 더미 속에서 1,200여 년 전의 『왕오천축국전』을 발견하게 되었습니다. 이와 같이 『왕오천축국전』의 발견은 놀라운 사건이었습니다.

실크로드로 배우는 세계·문화·역사

○ 혜초는 어떤 사람일까요?
○ 『왕오천축국전』은 어떤 책일까요?
○ 실크로드의 동쪽, 7~8세기의 신라 사회
○ 신라 구법승의 활동
○ 혜초가 활동했던 시기의 실크로드 세계
○ 실크로드의 학문, 둔황학
○ 혜초의 실크로드 여행 경로
○ 세계 역사 연표

혜초는 어떤 사람일까요?

혜초의 생애는 오랫동안 수수께끼였습니다. 하지만 『왕오천축국전』이 발견되면서 역사학자들은 혜초의 생애를 조금씩 알 수 있게 되었습니다.

우선 혜초가 신라 사람이라는 사실은 다카쿠스 준지로라는 일본인 학자가 밝혀내었습니다. 1908년 프랑스 학자 펠리오가 『왕오천축국전』을 발견한 뒤, 7년의 시간이 지난 뒤(1915년)였습니다. 그전까지는 혜초가 당나라에서 활동한 밀교 승려이며 금강지와 불공의 제자라는 것만 알려졌을 뿐, 어느 나라 사람인지는 모르는 상태였습니다. 다카쿠스는 당나라 밀교의 자료 속에서 불공 스님의 유언장을 찾아내었고, 이를 근거로 혜초가 신라인임을 주장했습니다. 그 외에도 혜초가 어린 시절에 당나라로 유학을 가서 중국 밀교의 시조인 금강지의 제자가 되었으며, 불교 경전의 번역에 큰 공헌을 한 사실도 알려주었습니다.

이후 역사학자들은 당나라의 여러 자료 속에서 혜초의 생애를 추적했으며, 지금까지 알게 된 사실은 다음 표와 같습니다.

704년	신라에서 태어남.
719년(16세)	당나라에 가서 인도 승려 금강지의 제자가 됨.

723년(20세)	당나라 광저우를 떠나 바닷길로 인도에 감.
727년(24세)	안서 도호부 소재지인 쿠차로 돌아옴.
733년(30세)	장안에서 8년 동안 스승 금강지와 함께 밀교 경전을 연구함.
740년(37세)	『대교왕경』의 번역을 시작함.
741년(38세)	금강지 입적. 『대교왕경』의 번역이 중단됨.
773년(70세)	불공에게서 『대교왕경』을 배움. 각종 밀교 의식 주도.
774년(71세)	불공 입적. 그의 6대 제자 중 한 사람이 됨. 제자들을 대표해 황제에게 올리는 글을 작성함.
762~779년	기우제를 진행하여 비를 내림. 황제에게 『옥녀담에서 비를 내린 글』을 올림.
780년(77세)	중국 오대산에 들어가 밀교 경전을 번역. 오대산에서 입적함.

하지만 혜초의 출생과 사망에 대해서는 정확히 알 수 없습니다. 그래서 700년에 태어났다는 주장도 있고, 787년에 사망했다는 주장도 있습니다. 분명한 것은 혜초가 신라인이며, 젊은 시절 인도와 서역 일대를 여행한 후 『왕오천축국전』을 썼으며, 당나라 밀교의 중요한 인물이었다는 사실입니다. 혜초는 밀교의 주요 경전을 번역하는 데 참여했으며, 불공의 6대 제자 가운데 2인자로 지목을 받았습니다. 또한 혜초는 불공 스님의 입적 이후 황제에게 감사의 글을 올리기도 했으며, 황제의 부탁을 받고 기우제를 지내는 등 불교계와 황제의 큰 신임을 받았습니다.

혜초가 다시 고향인 신라로 돌아왔다는 기록은 없습니다. 혜초가 신라의 밀교에 어떠한 영향을 주었는지도 알 수 없습니다. 하지만 혜초에 관련된 당나라의 기록이나 『왕오천축국전』에서 언제나 혜초가 '신라 사람'이라는 사실이 강조되는 점을 본다면, 혜초가 어떠한 형태로든지 신라와 관련을 맺었을 것이라고 추측해 볼 수 있습니다.

둔황 막고굴은 550여 개의 석굴이 남아 있으며 그중 474곳에서 벽화와 불상이 발견되었다. 이곳에는 신라인을 묘사한 벽화가 있다고 알려져 있다. 이 벽화는 그곳에 그려진 벽화 중의 하나이다.

『왕오천축국전』은 어떤 책일까요?

1908년, 프랑스 학자였던 폴 펠리오가 중국 둔황의 동굴에서 발견한 『왕오천축국전』 복사본은 한 권의 두루마리로 되어 있습니다. 세로 28.5센티미터에 한 장의 길이가 42센티미터인 종이 아홉 장을 붙여서 만들었으며, 한 줄이 30자 남짓 되고 모두

227줄로 적혀 있습니다. 첫 장의 일부분과 마지막 장의 일부분은 떨어져 나가서 혜초의 여행 중 출발과 도착 부분을 정확히 알 수 없습니다.

원래 이 책의 원본은 세 권이었다고 하는데, 펠리오가 발견한 필사본(붓으로 베껴 쓴 복사본)이 『왕오천축국전』 원본의 전체 내용인지 요약본인지를 정확히 알 수 없습니다. 대부분의 역사학자들은 이 필사본이 요약본일 것이라고 판단합니다.

혜초 이전에 구법승으로 인도를 순례하고 여행기를 남긴 승려는 5세기의 법현, 7세기의 삼장과 의정이 있습니다. 5세기 전반 인도를 순례하고 『불국기』를 저술한 법현은 육로로 인도에 갔다가 바닷길로 돌아왔고, 『대당서역기』를 남긴 7세기 중반의 삼장은 육로로 갔다가 육로로 돌아왔으며, 『남해기귀내법전』의 저자인 의정은 바닷길로 갔다가 바닷길로 돌아왔습니다. 혜초는 바닷길로 갔다가 육로로 돌아왔기 때문에 4대 인도 여행기를 남긴 이들의 실크로드 여행길은 모두 저마다의 특색을 가지고 있습니다.

『왕오천축국전』이 그린 실크로드의 모습은 두 가지 점에서 주목받고 있습니다.

첫째, 『왕오천축국전』에는 실크로드의 육로와 바닷길이 모두 담겨 있습니다. 물론 법현도 육로와 바닷길을 모두 이용했습니다. 하지만 혜초는 법현이 여행했던 지역보다 훨씬 넓은 실크로드 세계를 다녀왔습니다. 혜초의 여행은 법현이 가지 못했던 서역과 그 너머의 대식국에 이르기 때문입니다. 아쉽게도 『왕오천축국전』의 앞부분이 떨어져 나가서 바닷길에 대한 상세한 내용은 알 수 없습니다. 하지만 혜림의 『일체경음의』에 바닷길과 관련된 내용이 남아 있어서 다행스럽게도 혜초의 바닷길 여행 내용을 짐작할 수 있습니다.

둘째, 『왕오천축국전』은 인도, 중앙아시아, 페르시아, 아랍과 비잔틴 세계에 이르기까지 8세기 당시의 정치적 상황과 사회 모습을 다양하게 소개합니다. 『왕오천축국전』도 다른 스님들의 여행기처럼 인도와 실크로드의 불교 관련 사실을 기록합니다. 하지만 아랍의 팽창으로 빠르게 변화하고 있던 실크로드의 정치적 상황을 소개한 것이야말로 다른 여행기와 구별되는 특별한 점이라 할 수 있습니다. 『왕오천축국전』은 실크로드라는 지리적 공간 위에 세계사의 변화를 역동적으로 채색할 수 있는 생생한 단서를 제공해 줍니다. 『왕오천축국전』은 8세기의 인도와 실크로드를 기록한 세계의 유일한 기록이기 때문에, 이러한 특징은 『왕오천축국전』의 가치를 더욱 높여 주었습니다.

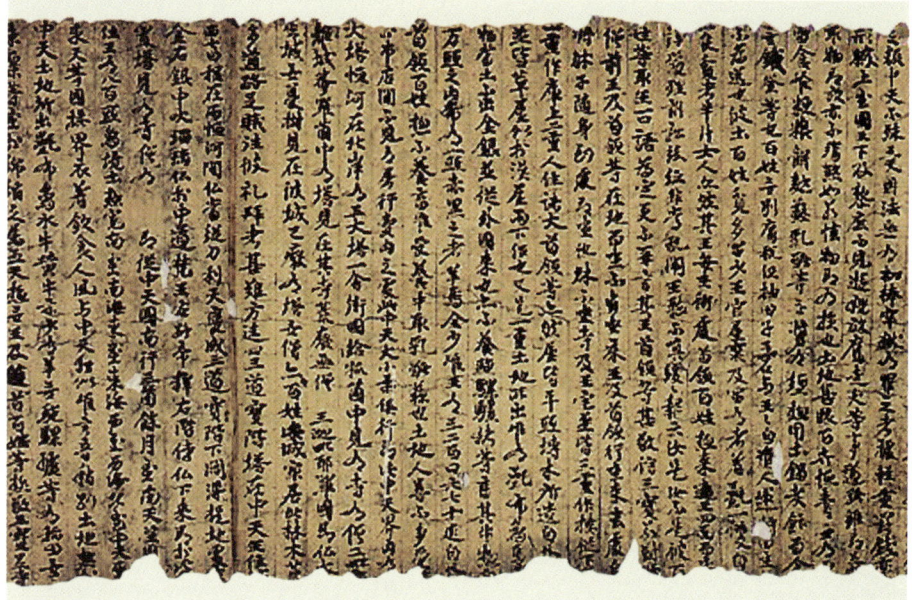

▶ 『왕오천축국전』

실크로드의 동쪽, 7~8세기의 신라 사회

고구려 멸망(668년) 이후, 어제의 동지였던 신라와 당은 한반도의 주도권을 두고 전쟁을 치르게 됩니다. 신라는 백제와 고구려 유민들을 포섭해서 당나라 군대와 맞섰으며, 매소성 전투와 기벌포 전투에서 빛나는 승리를 거두어 676년에 당나라 군사를 한반도에서 완전히 몰아내는 데 성공했습니다.

하지만 삼국을 통일한 신라 앞에는 여러 문제가 쌓여 있었습니다. 국내적으로는 삼국 통일에 어울리는 새로운 정치 제도를 만드는 일과 수백 년 동안 적군으로 싸워왔던 삼국의 백성들을 통합하는 일이 중요한 과제였습니다. 대외적으로는 당나라와의 관계를 평화적으로 개선하고, 고구려의 뒤를 이어 등장한 발해와도 원만한 관계를 유지해야 했죠. 그래야만 오랫동안 삼국이 대립했던 혼란기를 마감하고, 풍요롭고 평화로운 나라를 만들 수 있었습니다.

삼국 통일을 이루었던 문무왕과 그의 아들 신문왕 때에 신라는 통일 국가에 적합한 정치 제도를 완성하게 됩니다. 우선 왕의 친척이었던 진골 귀족들을 앞세워 왕의 권한을 예전보다 훨씬 강하게 만들었습니다. 왕의 권력이 커지는 것을 반대하던 귀족들을 모두 몰아내고, 새로운 정치 제도의 틀을 마련해 나갔죠. 이러한 과제를 완성했던 인물이 바로 신문왕이었습니다. 그는 중앙 정치 기구, 지방 제도, 교육 제도, 군사 제도를 모두 정리해서 통일신라가 발전할 수 있는 기초를 마련했습니다.

삼국의 귀족과 백성을 하나로 통합하는 일도 동시에 진행되었습니다. 신라 왕실은 백제와 고구려 귀족들에게 자기 나라의 관직에 비례하는 신라의 관직을 주었습니다. 백제와 고구려 지배층을 신라 관리로 받아들여서 그들의 힘을 신라 사회의 발전을 위해서 쓰려고 했기 때문이죠. 또한 온 나라를 9주로 나누고, 옛 신라 땅에 3주, 백제 땅에 3주, 고구려 땅에 3주를 두었습니다. 공정하게 지방을 통치한다는 인상을 옛 백제와 고구려 백성들에게 주고자 했기 때문이었습니다. 실제로 신문왕은 중앙 군대인 9서당을 새롭게 만들면서, 신라인뿐만 아니라 고구려인, 백제인, 말갈인까지 모두 참여할 수 있도록 했습니다. 이러한 노력 덕분에 통일신라는 서로가 가지고 있던 적대적인 감정을 지우고, 통합된 사회로 나아갈 수 있었습니다.

당과의 외교적인 문제는 한동안 통일신라의 앞날에 큰 근심거리가 되었습니다. 676년 당나라 군사가 한반도에서 물러나면서 두 나라의 무력 충돌은 끝났지만, 대립 관계가 완전히 없어지지는 않았습니다. 699년에 신라가 당나라에 사신을 파견하기까지 20여 년 동안 두 나라는 외교 관계를 단절한 채 지내야 했습니다. 신라와 당이 다시 손을 잡게 된 것은 발해의 건국 및 성장과 밀접한 관련이 있었습니다. 698년 대조영이 고구려 유민과 말갈족을 이끌고 발해를 건국하자, 당나라는 발해를 견제하기 위해서 정치·군사적 목적을 가지고 신라와 다시 손을 잡았습니다. 신라 입장에서도 각종 선진 문물을 받아들이고 경제적 혜택을 누리기 위해서는 당나라와의 관계 개선이 꼭 필요했습니다. 혜초가 태어났던 신라 성덕왕 시기(재위 702~737)는 신라와 당이 다시 손을 잡고, 정치·경제·군사·문화 면에서 활발한 교류를 다시 시작했던 시기였습니다.

732년 발해의 무왕이 당나라의 덩저우를 공격하는 사건이 일어나면서 신라와 당의 관계는 더욱 가까워졌습니다. 당나라는 신라에게 원군을 요청했고, 신라는 당의 요청을 받아들였습니다. 그러자 당나라는 이제까지 인정하지 않았던 신라의 한반도 지배권을 공식적으로 인정했고, 신라와 당나라 사이의 긴장은 모두 사라지게 되었습니다.

 신라는 다시 실크로드 교역권에 참여할 수 있게 되면서, 항해술과 선박 제조 기술을 개발하고 새로운 항로를 개척했습니다. 당과의 평화를 통해, 경제와 문화 교류에 적극적으로 참여하려고 했던 것이죠. 당나라와의 교류가 발전하면서 수출품·수입품의 종류도 다양해졌고, 규모도 점차 확대되었습니다. 또한 당시 당나라 무역에 적극적으로 참가하고 있던 대식국 상인들이 울산항으로 직접 들어오기도 했습니다. 한동안 닫혀 있었던 실크로드의 연결망이 다시 동쪽 끝 신라에까지 이어지면서, 신라의 무역과 문화는 새로운 전환기를 맞이했습니다. 8세기의 활발한 교류는 뒷날 장보고의 국제 해상 무역 활동으로 이어지게 됩니다.

신라 구법승의 활동

"여기 신라의 산골짜기에서 일생을 마친다면 연못의 물고기와 새장 속의 새처럼 바다의 넓음과 산림의 광대함을 알지 못하리로다."

『삼국사기』에 나오는 이 말처럼, 신라의 승려들은 삼국 통일 이전부터 선진 불교를 배우기 위해 조각배에 몸을 싣고 중국으로 유학을 떠났습니다.

삼국 통일 이전에 가장 유명했던 중국 구법승은 바로 원광 스님과 자장 스님이었습니다. 원광은 중국에서 10년 동안 유학을 하고 돌아와 화랑들에게 '세속 5계'를 가르쳐 주었습니다. 또한 왕의 부탁을 받고 중국 수나라에 신라를 도와줄 것을 부탁하는 글을 쓰기도 했지요. 자장은 선덕여왕에게 황룡사 9층 목탑을 만들 것을 건의했던 것으로 유명합니다. 그는 당나라 태종 시기에 중국에서 여러 해 동안 유학했습니다. 10여 명의 신라 구법승들이 당나라로 유학을 떠났고, 그중에서는 인도까지 가는 승려들도 있었지만 자장은 인도에 가지 않고 돌아왔습니다. 자장은 원광처럼 국가를 위해 각종 불교 행사를 진행하고, 국가 정책에도 직접 관여했습니다.

신라의 구법승들 중에 당나라에서 이름을 떨친 사람은 원측 스님입니다. 원측은 인도에서 돌아온 삼장 법사의 제자가 되어 공부를 했으며, 삼장의 뒤를 이어 중국 불교에 큰 학파를 이루게 되었습니다. 그는 장안에서 죽어 고국에 돌아오지 못했지만, 그의 이론은 신라와 티베트를 휩쓸었습니다.

원측 스님이 당나라에서 활약할 무렵, 두 명의 신라 승려가 당나라로 유학을 가려고 요동까지 갔다가 고구려 첩자의 고발로 감옥에 갇히게 됩니다. 그들이 바로 원효 스님과 의상 스님이었습니다. 원효와 의상은 다행히 풀려나 다시 신라로 돌아올 수 있었지만, 얼마 후 다시 당나라 유학을 가기 위해서 서해안 바닷가로 갔습니다. 날이 어두워지고 폭우까지 쏟아지자 두 사람은 하룻밤을 지내기 위해 어느 토굴을 찾아들었습니다. 원효는 잠자리에 들었다가 목이 말라 어둠 속에서 한 바가지의 물을 시원하게 마셨지만, 아침에 일어나 보니 바가지는 오래 묵은 해골이었습니다. 헛구역질을 하다가 원효는 '모든 것이 마음 탓'이라는 깨달음을 얻게 되었고, 당나라로 유학을 떠나기를 재촉하는 의상과 헤어져 다시 신라로 돌아왔습니다.

두 사람의 갈림은 신라 불교의 두 흐름을 만드는 계기가 되었습니다. 원효는 여러 갈래로 갈라져 싸우고 있었던 신라의 불교를 하나로 모을 수 있는 '일심(一心)' 사상을 제시했습니다. 원효의 사상은 통일신라 불교를 한 차원 더 높은 곳으로 안내하는 나침반이 되었습니다. 또한 원효는 불교의 내용을 쉽게 만들어서 백성들의 눈높이에 맞춰 불교를 전했습니다. 머리를 기르고, 술을 마시고, 춤추고, 노래하면서 백성들의 삶 속에 불교가 스며들 수 있도록 노력했습니다.

반면 당나라로 유학을 떠난 의상은 중국 화엄종의 최신 이론을 배워 고국 신라로 돌아왔습니다. 신라와 당나라의 전쟁이 끝나고, 신라가 삼국 통일을 이룩했던 때였습니다. 신라 왕실은 전쟁에 지친 백성들에게 의상의 가르침이 희망이 되기를 원했습니다. 의상은 문무왕의 적극적인 지원 속에서 여러 사찰을 짓고, 실천적인 활동을 해 나갔습니다. 원효와 의상의 활동은 왕실부터 백성들에 이르기까지 불교의 가르침으로 하나가 되게 해서, 통일되지 얼마 되지 않은 삼국의 마음을 하나로 묶었습니다.

이처럼 신라 불교는 외국에서 선진 불교를 익혀 신라에 전했던 구법승들의 활약으로 더욱 발전할 수 있었습니다. 신라 승려들의 이러한 열정은 중국에 머무르지 않고 불교의 본고장인 인도에까지 이어지기도 했습니다. 6세기까지 두 명에 불과했던 인도 구법승은 7세기에는 아홉 명, 8세기에는 네 명으로 늘어납니다. 7세기 이후 신라 승려들이 중국을 넘어 인도에 이르기까지 관심을 보였다는 사실을 알 수 있습니다. 열다섯 명의 인도 구법승 중에 세 명만이 중국의 승려와 함께 인도에 갔을 뿐, 열두 명은 홀로 멀고도 험난한 여행을 떠났습니다. 그들 중에서 인도에서 혹은 인도로 가는 도중에 죽은 이가 열 명이나 되고 중국에 돌아온 이가 세 명, 그리고 고국 신라에 돌아온 이는 불과 두 명에 지나지 않았습니다.

　　인도로 떠난 승려들은 인도 곳곳을 다니며 불교 사원에 머물거나 불교의 성지를 참배했습니다. 또한 아리야발마 스님이나 현태 스님처럼 인도의 유명한 불교 대학인 날란다 대학(날란다 사원)에서 공부를 하기도 했습니다. 구법 승려들은 인도에서 돌아올 때 많은 물품을 챙겨서 귀국길에 올랐습니다. 이들의 1차적인 관심은 불교 경전을 가지고 돌아와서 부처님의 말씀을 널리 알리는 것에 있었습니다. 경전 외에도 부처님의 사리, 불상, 그림, 보리수 잎, 염주 등도 가지고 왔습니다. 중국과 인도로 구법을 위해 떠났던 이들 승려들의 노력이 더해져서 신라의 불교 사상과 불교 문화는 더욱 발전할 수 있었습니다.

혜초가 활동했던 시기의 실크로드 세계

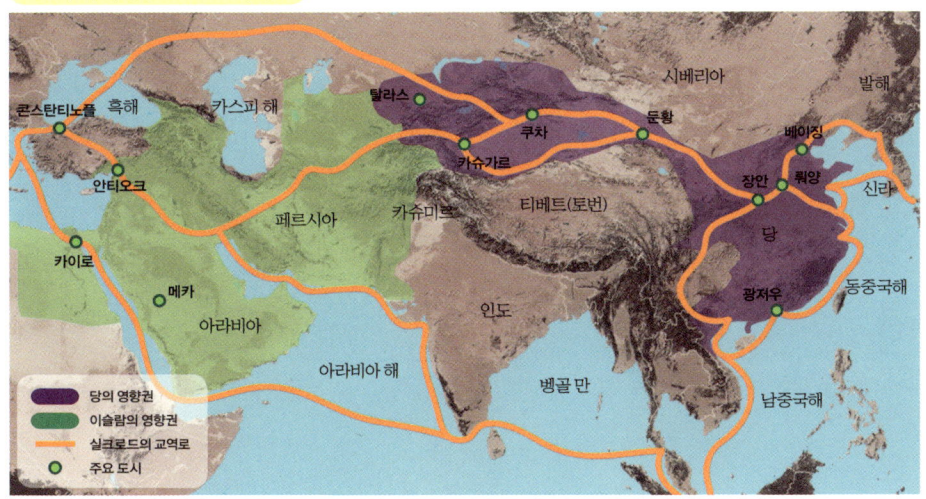

8세기의 실크로드 세계

혜초가 실크로드를 여행하던 8세기는 아랍 제국과 당 제국이 모두 전성기를 맞이하여 치열하게 대립하고 있던 시기였습니다. 서쪽에서는 강력한 군사력과 이슬람교를 앞세운 아랍 제국이 성장하여 서아시아를 중심으로 중앙아시아와 유럽으로 뻗어 가고 있었습니다.

이슬람 발생 이전의 아라비아 반도에는 '베두인족'으로 불리던 사막의 유목민과 오아시스의 정착민이 거주하고 있었습니다. 유목민과 정착민은 모두 부족 단위로 공동생활을 하고 있었기 때문에 강력한 정치 조직이 나타나지 않았습니다. 당시 오아시스 도시 가운데 가장 발달한 곳이 바로 이슬람교의 탄생지인 메카와 메디나였습니다. 예언자 마호메트는 610년 무렵부터 메카의 아랍인들에게 유일신 알라를 믿으라고 전도 활동을 벌였고, 10여 년에 걸친 포교에도 불구하고 별다른 성공을 얻지 못했죠. 결국 마호메트는 메카의 보수적인 귀족층의 박해를 피해 622년 메디나로 이주하게 되었는데, 이곳에서 큰 성장을 거두게 되었습니다. 큰 세력을 얻게 된 마호메트는 이슬람 군대를 이끌고 메카와 세 번의 전쟁을 벌였고, 결국 630년에 메카를 쉽게 점령할 수 있었습니다. 아랍인이 세운 최초의 강력한 국가가 아라비아 반도를 통일할 무렵, 이슬람교의 창시자 마호메트는 사망했습니다.

그의 뒤를 이어 후계자가 된 사람들을 '칼리프'라고 합니다. 이때부터 이슬람 군대는 본격적으로 세력을 확장해 갔습니다. 서쪽으로 이집트와 북아프리카로 진출하고, 동쪽으로는 페르시아를 정복해서 대제국을 건설하였죠. 하지만 아랍인들은 이슬람 신앙을 중심으로 대외 정복 활동에서는 단결된 모습을 보였지만, 내부적으로는 칼리프 계승을 두고 많은 다툼이 일어났습니다. 시리아 총독이었던 무아위야가 여러 내분을 수습하고 칼리프를 세습제로 바꾸면서, 아랍의 왕국 우마이야 왕조(옴미아드 왕조라고도 함)가 탄생했습니다. 이들이 바로 아랍 제국, 대식국입니다.

한편 실크로드의 동쪽에서는 당나라가 고구려와 돌궐을 멸망시킨 후, 전성기를 맞이하고 있었습니다. 한자 문화와 이슬람 문화로 대표되는 당나라와 아랍의 충돌은 실크로드를 통해 군대, 사신, 종교, 문화의 다양한 접촉을 가능하게 했습니다. 실크로드의 육로와 바닷길은 당나라와 아랍으로 대표되는 동서 문화의 활발한 교류 공간이 되고 있었습니다.

혜초는 이슬람 세계를 직접 답사하고, 한자 문화권에서는 처음으로 관련 내용을 생생하게 남겼습니다. 혜초가 토카리스탄 일대를 여행했을 때에는 중앙아시아를 비롯한 여러 지역이 이미 아랍 제국의 지배와 영향 아래에 있을 때였습니다. 아랍은 사산조 페르시아를 멸망시킨 후 계속해서 원정군을 동쪽으로 파견하여 당나라의 지배 하에 있던 중앙아시아를 공격하였습니다. 아랍은 705년 토카리스탄을 점령하였고, 그 후 10년 이내에 파미르 고원 서쪽의 중앙아시아 지역을 대부분 정복하였습니다. 아랍 제국은 거듭되는 승리를 이어가면서 계속 동쪽으로 진출하였습니다. 715년 아랍은 당나라에 사신을 파견해서 당나라 땅을 밟지 않고서는 돌아가지 않겠다고 협박했습니다. 717년에는 파미르 고원을 넘어 당나라의 영토인 카슈가르까지 진출하기도 했습니다.

또한 아랍 제국은 건국 초기부터 인도 방면으로 진출했는데, 708년까지 서인도 일대를 점령하고 아랍인들을 이 지역으로 이주시켰습니다. 하지만 혜초가 서인도 일대를 여행하던 시기(726년경)에는 아랍 제국의 내분과 인도인들의 저항으로 아랍인들은 이 지역에서 철수한 상태였습니다.

7세기 말부터 8세기 초 사이에 파미르 고원 서쪽의 중앙아시아 지역은 동쪽과 서쪽의 강대국인 당과 아랍의 전쟁터로 변해 가고 있었습니다. 두 세력이 일진일퇴하는 상황이 이어지면서 중앙아시아 실크로드 세계는 매우 혼란스러운 상황이 계속되었습니다. 이 지역 내의 작은 나라들은 양대 세력의 틈바구니에 끼어 살아남기 위해 몸부림쳐야 했습니다. 또한 7세기까지 이 지역의 중심 문화였던 불교 문화와 페르시아 문화(조로아스터교)는 이슬람 문화의 강력한 도전을 받으면서 서서히 변해 가고 있었습니다.『왕오천축국전』은 8세기 초의 당나라와 아랍 제국의 충돌 속에서 많은 변화를 겪어야 했던 중앙아시아의 모습을 생생하게 증언합니다.

실크로드의 학문, 둔황학

동서 문물 교류의 보물 창고인 둔황 천불동은 20세기 초에 세계적인 관심의 대상이 되었습니다. 수백 년 동안 아무런 관심을 받지 못했던 천불동이 전 세계의 이목을 끌게 된 것은 우연한 발견 때문이었습니다. 천불동의 관리를 맡았던 도사 왕위안루는 1900년 봄날 제16동을 수리하다가 굴 안벽 너머에서 뒷날에 '제17동 장경동'으로 불리게 될 새로운 동굴을 찾아냈습니다. 진흙으로 바른 문을 열고 보니 가로 2.8미터, 세로 2.7미터에 높이 3미터 되는 작은 방에는 보자기에 싼 서류가 가득 쌓여 있었습니다. 마침내 둔황 석굴의 비밀 서류 창고가 모습을 드러낸 것입니다.

두루마리의 대부분은 한문으로 된 불경이었지만, 일부는 산스크리트 어, 티베트 어 혹은 호탄 어, 위구르 어, 소그드 어 같은 중앙아시아의 언어로 쓰여 있었습니다. 이 문서들이 처음으로 중국과 세계에 공식적으로 알려지게 된 계기는 프랑스의 학자 펠리오 때문이었습니다. 1908년 2월에 이곳에 와서 조사한 뒤, 펠리오는 12월에 파리 소르본 대학에서 열린 환영회에서 이 엄청난 발견에 대하여 보고하였습니다. 프랑스, 중국, 일본의 학자들이 둔황 문서 연구에 활발하게 참여했는데, 1925년 한 일본 학자가 '둔황학'이라는 용어를 처음 사용하면서 이 연구들을 둔황학으로 부르게 되었습니다.

둔황 석굴에서 발견된 문서들은 368년부터 1032년 사이에 작성된 것이며, 3만여 개나 되었습니다. 시기상으로는 8세기 후반부터 9세기에 작성된 것이 가장 많고, 내용상으로는 불교 관련 문서가 가장 많습니다. 혜초의 『왕오천축국전』, 『가섭미라기행』,

『인도제당법』 등의 문명 교류를 보여주는 문서도 발견되었고, 마니교와 경교의 경전도 많이 발견되었습니다. 그 밖에 사원 경영에 관련된 기록, 호적과 토지 문서 등도 있어서 이 시기의 역사적 상황을 이해하는 데 큰 도움을 주었습니다.

둔황 석굴은 실크로드를 통한 동서 문명 교류 역사의 보물 창고로 인정받았습니다. 둔황 문서를 중심으로 해서 실크로드의 역사, 종교, 지리, 언어, 문학, 민속 등 각 분야의 연구가 진행되었으며, 둔황 석굴의 벽화와 불상은 미술사 분야에서 동서 문화 교류의 내용을 알려주었습니다. 둔황과 실크로드 및 중앙아시아에서는 수많은 유물이 발굴됐지만, 세계 곳곳의 박물관에 흩어져 연구가 쉽지 않았습니다. 이러한 문제점을 극복하기 위해, 최근에는 '국제둔황프로젝트'가 추진되어 가상 공간에서 이 유물들을 한곳에 모으려는 시도도 있었습니다.

둔황 석굴에서 문서를 분류하는 펠리오.

혜초의 실크로드 여행 경로

- → 실제 여행한 길
- ⋯ 예상 육로
- ⋯ 예상 해로

텐산 산맥, 쿠차, 파미르 고원, 타클라마칸 사막, 쿤룬 산맥, 히말라야 산맥, 힌두쿠시 산맥, 니샤푸르, 와칸, 카슈가르, 사마라자, 우디아나, 카슈미르, 토카리스탄, 바미얀, 카피시, 람파카, 간다라, 자불리스탄, 라지푸타나, 탁샤르, 잘란다라, 카냐쿱자, 쿠시나가라, 바라나시, 라지기르, 바이샬리, 나시크, 인도, 인도양

페르시아
페르시아는 한때 부유하고 강력했지만 혜초가 이곳에 도착했을 때는 이미 대식국에게 점령당한 상태였다.

신드
신드는 인더스 강이 아라비아 해로 흐르는 인도 서북쪽에 넓게 자리 잡은 나라였다.

부다가야
부다가야는 부처가 깨달음을 얻은 곳으로 혜초가 여행한 불교의 8대 성지 중 하나다.

세계 역사 연표

		세계		중국		한국
7세기	유럽 프랑크 왕국 (486~843) ＼ 비잔틴 (동로마) 제국 (330~1450) ＼ 서아시아 이슬람 왕조 ＼ 중앙아시아 돌궐, 위구르 제국 등	-610 마호메트, 이슬람교 창시 -622 마호메트, 메카에서 메디나로 이주(이슬람 원년) -634 이슬람, 전 아라비아 통일 -661 이슬람 분열, 우마이야 왕조 성립	수	-602 삼장, 탄생 -618 당 건국 -629 삼장, 인도로 떠남 -646 삼장, 『대당서역기』 저술 -664 삼장, 사망 -671 당 의정, 불경 구하려 인도 여행 -690 측천무후 즉위	삼국 시대	-612 고구려, 수나라와의 살수대첩 승리 -632 신라, 선덕여왕 즉위 -645 고구려, 당나라와의 안시성 싸움 승리 -660 백제 멸망 -668 고구려 멸망 -676 신라, 삼국 통일 -698 발해 건국
8세기		-726 로마 교회, 동로마의 성상금지령으로 분쟁 -744 위구르 제국 성립 -747 돌궐 제국 멸망 -750 이슬람, 아바스 왕조 성립 -751 프랑크 왕국, 카롤링거 왕조 성립 -771 카롤루스 대제, 프랑크 왕국 통일	당	-712 당 현종 즉위 -751 고선지, 이슬람 군과 탈라스에서 전투 -755 안사의 난	남북국 시대 (통일 신라, 발해)	-723~727 혜초의 실크로드 여행 -727 혜초, 『왕오천축국전』 저술 -751 신라, 불국사·석굴암 건립
9세기		-870 프랑크 왕국 분열		-840 위구르 제국 멸망 -875 황소의 난		-828 장보고, 완도에 청해진 설치 -846 장보고의 난 -879 최치원, 『토황소격문』 지음

찾아보기

찾아보기

ㄱ

간다라 63, 64, 65
갠지스 강 46
거룩한 불 81
거룩한 전쟁 87
경교 33
고구려 6
공양 71
광저우 30
광저우 항 30
구법 여행 37
국제둔황프로젝트 135
극락왕생 56
금강석 70
금강지 108, 109
기우제 111
기원정사 51
길기트 62

ㄴ

나가르주나 53
나시크 53
낙양 31
날란다 사원 43
남인도 53
남해기귀내법전 123
네스토리우스교 33
니샤푸르 81

ㄷ

다카쿠스 준지로 120
당나라 32, 33
대교왕경 108, 109, 112
대당서역기 123
대발률 62
대식국 37, 82-85
대운사 100
대조영 126
데칸 고원 55
돌궐 45
돌궐족 63
동유기 117
두환 37

둔황 문서 134, 135
둔황 석굴 113, 114, 115
둔황학 134

ㄹ

라지기르 51
라지푸타나 60
람풍 항 41
룸비니 51
뤄전위 116

ㅁ

마니 33
마니교 33
마드라사 92
마야 부인 51
마하비라 48
마호메트 78
메디나 132
메카 132
명랑 29

모스크 37
무슬림 78
무차대재 64
문두루법 29
문무왕 125
미너렛 79
밀교 29

베트남 40
부다가야 51, 52
부처 46
부하라 93
북인도 60, 61
불공 110, 111, 113
불교의 8대 성지 51
불국기 123
불라르 호수 66

선유사 14
선종 32
성덕왕 126
소그드 6개국 93
소그드 상인 45
소그디아나 45
소발률 62
수마트라 섬 41, 42
쉬그난 94, 98
슈라바스티 51
스리비자야 왕국 42
스타인 114
시리아 85
시바 48
시안 15
신드 54
신라 125-127
신라 구법승 128
신문왕 125, 126
신장웨이우얼 자치구 99
실크로드 131-133

ㅂ

바다 실크로드 45
바다흐샨 77
바라나시 47
바로스 43
바미얀 77
바이샬리 51
발률 62
발티스탄 62
발해 126
발흐 77
배화교 81
법현 123
베두인족 131

ㅅ

사르나트 51
사리 61
사마라자 73
사마르칸트 6
사자국 91
사천왕 26
사천왕사 24
사타바하나 53
삼장 37, 123
상카샤 51
서인도 54-57

ㅇ

141

찾아보기

아랍 131-133
아무다리야 강 91
아후라 마즈다 33
안녹산 110
안서 4진 99
알라 84
알렉산더 대왕 63
야소바르만 왕 49
언기국 99
여덟 탑 46
오공 116
오도릭 117
와칸 92
왕오천축국전 18, 106, 107, 116, 117, 122-124
왕위안루 114
용 66
용수 보살 53
우디아나 70
울금향 76
원광 128
원측 128
원효 129
의상 24, 129

의정 42, 123
이슬람교 78
이효 25
인도 46-59
일주문 32
일체경음의 113, 115
입적 108

ㅈ

자불리스탄 76
자이나 48
자이나교 48
자이살메르 58-59
자장 128
잘란다라 60
장안 15
절도사 110
조군 100
조로아스터교 33
죽림정사 51
중앙아시아 133
중인도 49

ㅊ

천교 33
천축 27
총령 27
치트랄 73

ㅋ

카나우지 49
카냐쿱자 49
카라샤르 102
카라코람 산맥 102, 103
카슈가르 99, 101
카슈미르 62, 66-67
카이버 고개 74
카피시 76
칼리프 132
코끼리 50
코란 78
콘스탄티노플 85
쿠시나가라 51
쿠차 99, 100

쿠탈 90

쿤룬 산맥 95

크메르 40

ㅌ

타마사바나 60

타클라마칸 사막 101

탑 65

톈산 산맥 98

토카리스탄 77, 78

티리치미르 74

티베트 62

ㅍ

파미르 고원 12-13, 95

파사사 31

페르가나 90

페르시아 80-83

펠리오 114

ㅎ

하기아 소피아 86

하르샤 왕 48, 49

하와크 고개 74

한반도 125-127

함광 113

향 30

혜과 113

혜랑 113

혜림 113

혜통 29

호탄 101

힌두교 35

힌두쿠시 산맥 74-75

사진 출처_
12 파미르 고원, 15 장안, 26 사천왕, 30 광저우, 33 아후라 마즈다, 35 힌두교에서 숭배하는 여러 신, 37 모스크, 41 람풍 항, 43 날란다 사원, 47 바라나시, 48 시바, 52 부다가야, 55 데칸 고원, 57 신드, 58-59 인도, 63 알렉산더 대왕, 64 파키스탄, 66-67 카슈미르, 74-75 힌두쿠시 산맥, 76 울금항, 79 미너렛, 81 비단, 82 페르세폴리스, 86 하기아 소피아, 91 아무다리야 강, 92 마드라사, 95 쿤룬 산맥, 98 톈산 산맥, 101 카슈가르의 시장, 103 카라코람 산맥, 115 둔황 석굴 ⓒdreamstime, 73 치트랄 ⓒfotolia, 19 혜초 그림 ⓒ차영훈, 37 삼장 그림 ⓒistockphoto, 122 신라인의 얼굴 벽화 ⓒ우상호

지도 그림_
혜초의 실크로드 여행 경로, 불교의 8대 성지, 8세기의 실크로드 세계 ⓒ**차영훈**

[지은이]

김대호

고등학교에서 역사를 가르쳤으며, 교육컨설팅 회사를 운영했습니다. 지금은 서울대 역사교육과 대학원에서 한국사를 공부하면서, 학생들을 위한 좋은 역사책을 만들기 위해 노력하고 있습니다. 저서로는 〈서울대학교 뿌리깊은 역사나무〉와 함께 만든 『한눈에 쏙! 우리역사』가 있습니다. 많은 사람들이 어린이와 청소년을 위한 역사책은 쉽고 재미있어야 한다고 생각하지만 그보다 더 중요한 것은 역사를 바라보는 올바른 관점을 전해 주는 일이라고 생각합니다. 우리 학생들이 역사를 보는 지혜로운 눈을 가질 수 있도록 내용의 전문성과 흥미를 갖춘 역사책을 만드는 일에 헌신하고자 합니다.

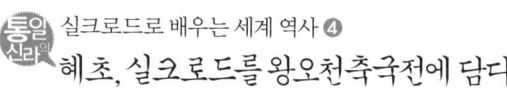

실크로드로 배우는 세계 역사 ❹
혜초, 실크로드를 왕오천축국전에 담다

김대호 지음

1판 1쇄 펴냄 2011년 12월 19일
1판 5쇄 펴냄 2021년 6월 10일

펴낸이 김정호
펴낸곳 아카넷주니어

편 집 김일수
마케팅 나영균
제작관리 박정은

등록 2006년 11월 22일(제406-2006-000184호)
주소 10881 경기도 파주시 회동길 445-3 2층
전화 031-955-9515(편집) 031-955-9514(주문) **팩스** 031-955-9519
전자우편 editor@acanet.co.kr **홈페이지** www.acanet.co.kr

ISBN 978-89-97296-02-6 74900
　　　 978-89-965640-2-7(세트)

*아카넷주니어는 학술, 고전 전문 출판사인 아카넷의 어린이·청소년 브랜드입니다.
*책값은 뒤표지에 있습니다.